THÉÂTRE FRANÇAIS

PUBLIÉ

PAR

C. SCHÜTZ.

Onzième Série.

IV. Livraison.

LA FOIRE AUX IDÉES, N°. II. & III.

PAR

DE LEUVEN ET BRUNSWICK.

Bielefeld.

VELHAGEN & KLASING.

1850.

Copenhague, *chez* A. F. Höst.

CONTENU

LES PRÉCÉDENTES LIVRAISONS DU THÉATRE FRANÇAIS.

THÉATRE FRANÇAIS

PUBLIÉ

PAR

C. SCHÜTZ.

ONZIÈME SÉRIE.

IV. LIVRAISON.

LA FOIRE AUX IDÉES, No. II. et III.

PAR

MM. DE LEUVEN et BRUNSWICK.

BIELEFELD.
VELHAGEN & KLASING.
1850.

LA FOIRE AUX IDÉES,

JOURNAL-VAUDEVILLE EN TROIS ACTES.

PAR

MM. DE LEUVEN ET BRUNSWICK.

DEUXIÈME NUMÉRO.

Personnages.

PREMIER ACTE.

SÉRAPHIN, fabricant de marionnettes.
L'INCORRUPTIBLE, pantin [1]) blanc.
BOULE DE NEIGE, pantin noir.
Mlle FRANCE.
CAPRICE.
L'IDÉE.
LE THÉATRE.

LA CALIFORNIE.
LA MUSIQUE.
LA LITTÉRATURE.
LA SCULPTURE.
LA PEINTURE.
TORTOCHOT, ouvrier de Séraphin.
Quatre personnages. — Ouvriers.

DEUXIÈME ACTE.

M. PARIS.
CAPSULE.
LE PALAIS NATIONAL.
PREMIER CANDIDAT.
DEUXIÈME CANDIDAT.
TROISIÈME CANDIDAT.
SACOCHE.
Mlle FRANCE.
CAPRICE.

L'IDÉE.
LA RUE NOTRE-DAME DE LORETTE.
LA PLACE DES VOSGES.
LA CI-DEVANT RUE COQUENARD.
LA PLACE DE LA RÉVOLUTION.
LA RUE DE LA BOULE-ROUGE.

Les Économies rurales. — Les Économies bureaucratiques. — Candidats. — Électeurs.

TROISIÈME ACTE.

Tous les Personnages.

1) Gliedermann.

ACTE PREMIER.

Chez Séraphin. — Un magasin rempli de pantins et de joujoux, fermé au fond par un grand rideau. Porte à droite et à gauche.

Scène I.

TORTOCHOT et EMPLOYÉS. *(Au lever du rideau ils sont tous occupés à fermer des caisses.)*

CHŒUR.

Air de la Sabotière.

Pan ! pan ! pour la commande
Fermons tous ces ballots !
Pan ! pan ! l'on nous demande
Partout, pantins nouveaux.

Scène II.

TORTOCHOT, L'IDÉE, CAPRICE, OUVRIERS.

CAPRICE, *à Tortochot.* Monsieur Séraphin, s'il vous plaît ?

TORTOCHOT. Il est sorti, mais il va rentrer.

L'IDÉE, *regardant autour d'elle.* Où m'avez-vous conduite, Caprice ?

CAPRICE. Chez monsieur Séraphin, maman, un fameux mécanicien… fabricant de joujoux et de marionnettes politiques… une industrie toute nouvelle… Nous allons trouver ici des nouveautés pour notre journal… le second numéro de LA FOIRE AUX IDÉES.

L'IDÉE.

Air : Ah ! Colin, je me fâcherai.
Mon journal reçut, en naissant,
L'accueil de la foule indulgente ;
Je dois le servir maintenant
Exactement comme une rente.
J'ai quelque crainte cependant...
Pour faire honneur à la créance,
Je dois payer esprit comptant...
Et c'est aujourd'hui l'échéance.

Ah ! je crains que notre second numéro ne soit bien faible.

CAPRICE. Tant mieux... on dit que le premier est trop fort... que vous avez été trop loin.

L'IDÉE. Si je vais loin, c'est que la sottise fuit devant moi, et que je cours après elle.

CAPRICE. Le fait est qu'il y a bien des gens qui ont passé dix-huit ans de leur vie à mordre les autres...! et, quand arrive leur tour d'être un peu égratignés, ils crient et ils demandent qu'on supprime la liberté des ongles.

Air du Verre.

Leurs articles les plus méchants
Pour eux n'étaient que peccadilles...
Mais qu'on effleure un peu ces gens,
Il faut des censeurs, des bastilles !...

L'IDÉE.

Des cachots qui lui sont promis
L'Idée, en tous les temps, se raille...
L'Idée est comme les bons fruits,
Elle peut mûrir sur la paille.

REPRISE ENSEMBLE.

L'Idée est comme les bons fruits,
Elle peut mûrir sur la paille.

CAPRICE. Mais ce monsieur Séraphin ne paraît pas !

L'IDÉE. Aussi, je vous laisse... je vais, de mon côté, courir après les nouvelles... ça presse... rendez-vous dans une heure au *Jardin de la Fraternité...* vous savez.

CAPRICE. Oui, maman... je vais vous accompagner un peu...

L'IDÉE. Venez, Caprice....

Air: Avant de prendre mon essor (1er no Foire aux Idées).

Le soin de mon journal m'appelle,
Et dans ma feuille désormais
Je vais, sans peur et de plus belle,
A loisir décocher mes traits.
Notre plume, aujourd'hui stérile,
Au publique demande un appui,
Et puisque l'esprit court la ville,
Il me faut courir après lui.
ENSEMBLE.
Le soin de mon journal m'appelle, etc.
CAPRICE.
Le soin du journal vous appelle...
Dans votre feuille, désormais,
Il faut, sans peur et de plus belle,
A loisir décocher vos traits.
(*L'Idée sort à gauche, accompagnée de Caprice. Séraphin entre par la droite.*)

Scène III.

SÉRAPHIN, TORTOCHOT, OUVRIERS.

SÉRAPHIN, *en dehors.* Tortochot! Barbançon!

TORT. Ah! voilà le patron!

SÉRAPHIN, *entrant.* Eh bien! tout est-il prêt? avez-vous mis les adresses sur ces envois de pantins politiques? (*Il lit.*) Caisse n° 1... pour Francfort...

cent charlatans, cinq polichinelles, et douze Jocrisses. *(Cessant de lire.)* Bien.... très-bien!... *(Allant d'un autre côté et lisant.)* Caisse n° 2... pour Venise... trente arlequins, vingt paillasses, et un assortiment complet de diablotins.

Air : Courant d' la blonde à la brune.
Toutes ces marionnettes
Sont à la mode aujourd'hui...
    Aux Ouvriers.
Mes amis, plus vous en faites,
Plus je deviens arrondi !
Pour que ma vogue subite
N'aille pas en décroissant,
Au travail je vous invite,
Ne perdez pas un instant ;
    Car en marchant,
     En courant,
     En parlant,
     En criant...
     En votant,
Les pantins s'usent vite.

TORT. V'là qui est fait, monsieur Séraphin.

SÉRAPHIN. C'est bien ; enlevez!... et recommandez au roulage qu'on mette les caisses à l'abri... ces personnages-là se tachent si facilement!...

REPRISE DU CHŒUR.

LES OUVRIERS.
Allons, pour la commande
Emportons ces ballots !
Puisque l'on vous demande
Partout pantins nouveaux !

(Les Ouvriers sortent par la gauche; au même instant, une ritournelle se fait entendre.)

SÉRAPHIN. Qu'est-ce que c'est que ça ? *(Il va regarder à gauche.)* Tudieu! quelle brillante société !

Scène IV.

SÉRAPHIN, LA CALIFORNIE, LE THÉATRE, LA LITTÉRATURE, LA SCULPTURE, LA PEINTURE et LA MUSIQUE. (*La Californie entre, poursuivie par tous ces personnages.*)

ENSEMBLE.

Air :

LA CALIFORNIE.

Laissez-moi !
Mais pourquoi
Ainsi suivre ma trace ?

A Séraphin.

Monsieur, monsieur, de grâce,
Chez vous accueillez-moi.

LES AUTRES.

Mais pourquoi (*bis*)
Quitter ainsi la place ?
Ah ! madame, de grâce,
De grâce, écoutez-moi !

SÉRAPHIN, *saluant la Californie.* Qui êtes-vous, madame ?

LA CALIF. Je suis la Californie.

SÉRAPHIN. Vraiment, madame, vous êtes la Californie ! J'aurais dû le deviner... Chez vous, tout ce qui reluit est or... mais qui me procure l'honneur ?...

LA CALIF., *montrant les autres personnages.* Ces dames que je n'ai pas l'avantage de connaître... Elles m'ont aperçue sur la voie publique et ont fait émeute autour de moi.

SÉRAPHIN. Ah ! c'est que vous êtes bien séduisante... La Californie !... S'il faut en croire ce qu'on raconte de vos merveilles, chez vous les mendiants ont des écuelles d'or... l'argenterie des gens comme il faut est en bois blanc... enfin, dans votre pays, on amasse en trois quarts d'heure, de quoi vivre... mais on ne trouve rien à manger...

Air du Piège.

Un étranger, que son destin poussa
Vers les rives de ce Pactole,
Dans vos climats, m'a-t-on dit, débarqua
En apportant un' casserole.
Il fit cuire un seul fricandeau,
Le débita dans sa buvette...[1]
Puis il éteignit son fourneau...
Et s'en alla... sa fortune était faite!
Quand il partit, sa fortune était faite!

Et vous venez en France faire des emplettes? Ces dames sont des marchandes?

LA SCULPTURE. Des marchandes! fi donc! nous sommes les beaux-arts... moi, je suis la Sculpture!...

LA LITTÉRATURE. Moi, la Littérature!

LA MUSIQUE. Moi, la Musique!

LA PEINTURE. Moi, la Peinture!

LE THÉATRE. Moi, le Théâtre!... Nous avons couru après madame pour la supplier de nous emmener. (*Soupirant.*) Depuis quelque temps, notre mère patrie n'est plus notre mère nourrice.

Air : L'or est une chimère.

Des faveurs de la fortune
On vit les arts soutenus...
De l'assistance commune
Les jours heureux ne sont plus!
Pour nous, la république
Depuis un an réalisa
Ce refrain prophétique
Que monsieur Scribe composa:

[1] Schenke.

Oui, l'or est une chimère,
Une ombre qu'on n' peut toucher;
C'est sur la terre étrangère
Qu'il faut aller le chercher!
REPRISE ENSEMBLE.
Des faveurs de la fortune
On vit les arts soutenus.
De l'assistance commune
Les jours heureux ne sont plus!

SÉRAPHIN, *s'adressant au théâtre.* Mais vous, mademoiselle le Théâtre, vous n'avez pas à vous plain-
dre, il me semble?

LE THÉÂTRE. Par exemple! monsieur, les arts ont
besoin de liberté... Eh! bien, on parle de censure!....

Air: Ne raillez pas la garde citoyenne.

N'enchaînez pas la presse dramatique;
Elle soutient le bien, frappe le mal;
C'est pour l'esprit et la raison publique
Une tribune... et même un tribunal!
Bravant des sots les cris et le murmure,
Je ne veux pas qu'on m'impose des fers;
Car le théâtre est la seule censure
Pour corriger le vice et les travers!
Oui, mon pouvoir sur tous a l'avantage,
Nulle censure au monde n'aurait fait
Ce qu'ont su faire et Molière et Le Sage
En écrivant *Tartuffe* et *Turcaret!*
De Saint-Simon la folle rêverie
Par notre feu reçut le dernier coup;
Le Phalanstère, avec sa bergerie,
Craint nos couplets... plus qu'il ne craint le loup.
Sur les jongleurs, patriotes de places,
On vit tomber ma férule; en tous temps,
Mes traits moqueurs, méprisant les menaces,

Ont su braver les cachots, les tyrans!
J'ai flagellé ces faiseurs d'anarchie
Quand ils souillaient le plus beau don des cieux,
Et qu'ils faisaient, au sein de la patrie,
La liberté sanguinaire comme eux!
Pour la chanson, ayez de l'indulgence;
Car Mazarin même la protégea:
Hommes d'état, pour gouverner la France,
Ressemblez-lui..., du moins de c' côté-là.
         REPRISE ENSEMBLE.
N'enchaînez pas la presse dramatique,
Elle soutient le bien, frappe le mal;
C'est pour l'esprit et la raison publique
Une tribune... et même un tribunal!

Scène V.
Les Mêmes, CAPRICE.

CAPRICE, *entrant.* Monsieur Séraphin?
SÉRAPHIN. C'est moi!
CAPRICE. Monsieur, je suis rédacteur en chef de *la Foire aux idées*... c'est vous dire que je cours après les nouveautés... on m'a parlé de vos marionnettes politiques...
SÉRAPHIN. Oh! monsieur, elles sont arrivées à leur perfection! elles parlent, elles marchent et digèrent... à l'instar du canard de feu Vaucanson.
CAPRICE Ce n'est pas un canard [1])?
SÉRAPHIN. Non, monsieur... vous allez en juger. (*Appelant.*) Tortochot! C'est mon premier commis... Tortochot!
TORTOCHOT, *dans la coulisse.* Patron!
SÉRAPHIN, *criant.* Envoyez ici le numéro un!
TORTOCHOT, *de la coulisse.* Oui, patron.

1) Zeitungsente, Unwahrheit.

ENSEMBLE.

SÉRAPHIN.

Air : Que Pantin serait content.
Vous allez voir à l'instant,
　　Des merveilles
　　Sans pareilles!
De mon art, de mon talent,
　　Chaque client
　　Est content!

CAPRICE *et les autres personnages.*
Je vais donc voir à l'instant
　　Des merveilles
　　Sans pareilles!
De son art, de son talent,
　　Chaque client
　　Est content!

(Pendant le Chœur, tous les Personnages se sont assis sur le côté, à l'exception de Caprice et Séraphin.)

Scène VI.

LES MÊMES, L'INCORRUPTIBLE. *(Il a un chapeau pointu, de longs cheveux, barbe et moustaches. Il est tenu par les pieds et les mains avec des ficelles qui se rattachent à son chapeau.)*

SÉRAPHIN. Je vous présente le citoyen Aristide dit l'Incorruptible. *(Levant la tête et parlant à quelqu'un dans le cintre.)* Faites mouvoir le citoyen Aristide...

LE PANTIN, *gesticulant comme une marionnette mue par des fils.* Je me présente devant vous pour foudroyer la corruption... Elle pénètre, se glisse, s'infiltre et s'inocule dans toutes les artères de l'ordre social... Il est temps que ma voix rappelle à l'amour des vertus primitives et au culte de l'antique pureté...

SÉRAPHIN, *à Caprice d'un air triomphant.* Hein? quel mécanisme!

Air : Et voilà comme tout s'arrange.
Désirez-vous un orateur
Ayant la parole énergique?
Ce gaillard-là, par sa chaleur,
Doit faire honneur à ma boutique.
Je le soutiens, sans vanité,
C'est un de mes plus beaux modèles...

> *(Il tire un des fils du Pantin.)*

LE PANTIN, *parlant.* Pureté!

CAPRICE.

Il n'est pas mal, en vérité...
Mais, quand il parl' de pureté,
On voit un peu trop les ficelles.

SÉRAPHIN. Monsieur, vous n'avez pas encore pu apprécier tout le mérite de cette pièce... elle chante.

CAPRICE. Bah!

SÉRAPHIN. Oui, monsieur... Tenez, voici un paquet d'anciens assignats... Vous allez voir leur influence... je les introduis dans la poche de l'incorruptible. *(Il met un petit paquet dans la poche droite du pantin.)* Écoutez.

LE PANTIN, *chantant et dansant.*
Ah! ça ira! ça ira! ça ira!...

CAPRICE, *l'arrêtant.* Non, non, je n'aime pas cette mélodie.

SÉRAPHIN. Comme je vous le disais, l'influence des assignats... Mais vous allez voir le chef-d'œuvre de la mécanique... avez-vous dans votre poche quelques louis?

CAPRICE. Oui, mais toutes pièces frappées sous la Restauration...

SÉRAPHIN. A merveille! fourrez-les dans les po-
ches de *l'Incorruptible.*

CAPRICE, *mettant un rouleau dans la poche du
Pantin.* C'est fait...

SÉRAPHIN. Écoutez maintenant.

LE PANTIN, *chantant et dansant.*
Vive Henri Quatre!
Vive ce roi vaillant!
Ce diable à quatre
A le triple talent
De boire et de battre
Et d'être un vert galant!

*(Le Pantin sort de côté, en gambadant et en chan-
tant.)*

REPRISE ENSEMBLE DU CHŒUR.
Vous allez voir à l'instant
Des merveilles
Sans pareilles.
De mon art, de mon talent,
Chaque client
Est content!

LES AUTRES PERSONNAGES.
Nous avons vu, c'est charmant,
Des merveilles
Sans pareilles.
De son art, de son talent,
Chaque client
Est content!

Scène VII.

LES MÊMES, *excepté* L'INCORRUPTIBLE.

CAPRICE. Eh! mais j'y pense, votre Incorruptible...
il emporte mon argent...

SÉRAPHIN. Ne cherchez pas à l'arrêter, il vous battrait... c'est le chef-d'œuvre de le mécanique...

Air : Adieu, je vous fuis, bois charmant.
Ces pantins-là sont merveilleux,
Et, grâce au métier que j'exerce,
J'en ai fait des envois nombreux...
On en trouv' beaucoup dans l' commerce.
Comme ils n'ont pas une âme, un cœur,
Pour qu'ils parlent sans anicroche [1]),
　　　　　(Se frappant sur le gousset.)
Là se trouve leur grand moteur...
Tous les ressorts sont dans la poche.
(Appelant.) Tortochot!... apportez la tabatière.

Scène VIII.

LES MÊMES. *(Deux ouvriers apportent une énorme tabatière qu'ils posent au milieu du théâtre et se retirent. — Pendant ce temps l'orchestre exécute une musique en sourdine. — Tous les personnages assis se sont levés avec curiosité.)*

SÉRAPHIN. Approchez... approchez, mesdames... n'ayez aucune crainte... vous allez voir un des jolis produits de l'industrie française. *(A Caprice.)* Monsieur, ouvrez la boîte.
(Caprice enlève le couvercle, et, comme dans les boîtes à surprise, on voit un nègre se dresser vivement. Son costume est élégant.)
CAPRICE *et tous les autres se reculent avec effroi.*
Miséricorde!

______

1) Anſtoß.

Scène IX.

LES MÊMES, BOULE DE NEIGE.   (*Pendant la ritournelle de l'air suivant, Séraphin monte les
ressorts que le Pantin noir est censé avoir dans
le dos.*)

BOULE DE NEIGE.

Air nouveau de M. Henri Potier.

Moi, né dans Mozambique,
Sur terre de l'Afrique;
De mon papa chéri
J'étais le favori!
Un jour, marchand d'Europe
Entra dans case à nous,
Et voilà qu'il dév'loppe
P'tits couteaux et bijoux.
Oh! oh! oh! hi! hi! hi!
Qu' c'était brillant, qu' c'était joli!

Voilà que, bon petit père à moi... avoir envie, bien
envie d'un collier en verroterie... mais papa pas z'argent...
                                (*Suite du chant.*)

Alors, bon petit père
Dit à joli marchand :
Changeons, j' prends collier d' verre,
Prenez mon cher enfant.
— C'est dit! c'est fait! — Voilà! — Voilà!
Du collier papa
    Se para
Et, joyeux, dansa
    La chika!
Ah! ah! ah! oh! oh! oh! oh!
    (*Danse sur place et fin de l'air mimé.*)

DEUXIÈME COUPLET.

Colon de l'Amérique
Prit moi pour domestique...

XI. 4.   2

Un emploi m' fut donné:
Chasser mouch's de son né...
Moi pas pouvoir apprendre...
Moi chasser mouch's pas bien...
Maître, alors, veut me r'vendre,
Parc' que moi bon à rien.
Oh! oh! oh! hi! hi! hi!
Achetez-moi!... moi bien joli!
Tout à coup... boum! boum!.. canons du fort!.. li
bons nègres libres!... moi arrivé dans grand ville...
bien logé dans belle chambre...   (*Chanté.*)
Oh! oh! qué bonne affaire!
Pauvr' petit homm' de couleur,
Moi qui n' savais rien faire,
J' suis administrateur!
J' suis bien nourri...
Mais pas blanchi!
Chaqu' jour je fais
Des p'tits projets;
J' danse la chika,
La tapioca!
Oh! oh! oh! oh! oh! oh! oh!
(*Il danse et mime d'une manière grotesqne.*)
TOUS, *ensemble.*
Bravo! bravo! (*Le Pantin disparaît dans la boîte.*)
REPRISE DU CHŒUR.
Nous avons vu, c'est charmant,
Des merveilles
Sans pareilles.
De mon art, de mon talent,
De son art, de son talent,
Chaque client
Est content.
(*Pendant le chœur, deux ouvriers sont venus enle-*
ver la boîte.)

Scène X.

LES MÊMES, *excepté* BOULE DE NEIGE.

LA CALIFORNIE. *s'adressant aux Beaux-Arts.* Allons, vous, mes gentils beaux-arts, puisque la France vous délaisse, je vous offre un asile en Californie!

TOUS LES BEAUX-ARTS. Bravo!

CHŒUR ET ENSEMBLE.

Air des Quatre Fils Aymon.

LA CALIFORNIE.

Allons, partons pour la Californie!
Je garantis pour vous tous les hasards...
Allons, allons, fonder dans ma patrie...
Un champ d'asile ouvert à tous les arts!

LES AUTRES PERSONNAGES.

Allons, partons pour la Californie;
Ell' garantit pour nous tous les hasards;
Allons, allons fonder dans sa patrie
Un champ d'asile ouvert à tous les arts!

(*Ils s'élancent tous pour sortir. Mlle France paraît, qui les arrête.*)

Scène XI.

LES MÊMES, MLLE FRANCE.

TOUS, *l'apercevant.* Mademoiselle France!

MLLE FRANCE. Arrêtez... y pensez-vous? vous exiler! fuir la France! la priver de toutes ses illustrations!...

Air de madame Favart.

Quitter les rives de la Seine!
Abandonnez ce projet-là...
Loin d'elles, si l'on vous emmène,

Hélas! qui nous consolera?
Ah! pour nous quelle triste chance!
Si l'étranger s'écriait: C'est fini...
Il n' reste plus d'esprit en France,
Ils ont trop d'esprit de parti!

TOUS, *reprenant.*

Il n' reste plus d'esprit en France,
Ils ont trop d'esprit de parti!

*(A ce moment, on entend derrière le rideau du fond
un violent tumulte, des voix confuses.)*

MLLE FRANCE.   Ah! mon Dieu! quel est ce bruit?

SÉRAPHIN. Ne vous effrayez pas, belle dame... c'est
Tortochot qui aura mis en mouvement quelques centaines de petits personnages que j'ai là, au fond.

MLLE FRANCE. Quelques centaines?

SÉRAPHIN. Oui, un petit *fac simile* de diète, de
réunion délibérante que je vais expédier pour le pays
de Lilliput...

MLLE FRANCE. Mais si les Lilliputiens vivent heureux et tranquilles, pourquoi?...

SÉRAPHIN. Oh! ils veulent absolument tâter de la
liberté... ils paraissent affamés d'égalité...

MLLE FRANCE. Oh! l'égalité!... c'est une belle chose, mais...

Air de Préville.

Réaliser, dans les temps comm' les nôtres,
Ce rêve-là, c'est un' difficulté...
Car nous savons comment font les apôtres
Qui vont prêchant cette idéalité,
Qu'on baptisa du nom d'Égalité...
Au nom de tous, ils cherchent sa conquête,
Lorsque le sort les place à terre, hélas!
Mais, arrivés en haut, ils n' se gên'nt pas
Pour refouler le niveau sur la tête
De leurs amis qui sont restés en bas!

CAPRICE, *à Séraphin.* Et quand voulez-vous faire cet envoi?

SÉRAPHIN. Dans quelques jours...

MLLE FRANCE, *le prenant à part.* Non pas! aujourd'hui même... il faut déménager aujourd'hui...

SÉRAPHIN. Mais, ma charmante propriétaire...

MLLE FRANCE. Votre bail est expiré... j'ai fait mettre l'écriteau.

SÉRAPHIN. Allons, puisqu'il le faut... (*A haute voix.*) Tortochot! procédons au déménagement! (*Musique. — Les rideaux du fond s'ouvrent, et l'on aperçoit une petite assemblée délibérante; le tumulte et les cris redoublent.*)

CHŒUR, *du dehors et du dedans.*

Air :

Ah! quel affreux bacchanal!
Quel tapage infernal!
Plus moyen de comprendre
Et surtout de s'entendre!
Quel
Fracas continuel!
Tumulte universel!
Ou ne vit rien de tel
Dans la tour de Babel.

CAPRICE, *après avoir examiné le fond.* **Bravo!** monsieur Séraphin!...

Air de l'Apothicaire.

Oui, c'est ravissant, j'en conviens,
J'admire toutes ces figures...
On dirait de grands citoyens,
Malgré leurs petites statures...
Après livraison, les chalands
Pourraient-ils, monsieur, vous les rendre?

SÉRAPHIN, *riant.*
Non... il en est beaucoup là d'dans
Qu'on ne s'engag' pas à reprendre !

Scène XII.

LES MÊMES. *Sur une musique de l'orchestre TOR-
TOCHOT entre.*

TORT., *à Mlle France.* Mademoiselle France, il y
a là des gens qui vous demandent.

MLLE FRANCE. Sans doute de nouveaux locataires
qui se présentent pour passer bail avec moi. (*A Tortochot, qui s'éloigne.*) Qu'ils entrent !

Scène XIII.

LES MÊMES, QUATRE PERSONNAGES, *qui viennent se
placer de chaque côté de Mlle France.*

CHŒUR DES QUATRE PERSONNAGES.

Air de Castibelza.
Nous venons en ce lieu
Pour être votr' locataire :
Terminons cette affaire...
Voici mon denier à Dieu.
(*Chacun fait le mouvement de fouiller à sa poche.*)
MLLE FRANCE, *les arrêtant du geste.* Doucement,
doucement, n'allons pas trop vite.

Air : Paris, Paris ! (Banc d'Huîtres.)
On m'a parlé de vous,
Et je vous connais tous...
Je note, tous les jours,
Et vos projets et vos discours.
Montrant le fond.
Vous voudriez être mes locataires ;
Ce titre-là pour vous a des appas,

Il pourrait bien arranger vos affaires,
Mais avec vous les miennes n'iraient pas!

Au premier personnage de gauche.

Écrivain peu loyal,
Tu répands ton journal;
Sur la route du mal
Nous conduit son triste fanal!
Tes faux avis, ta sinistre utopie,
Chaque matin, égarent l'ouvrier;
Tu dis: „Je veux éclaircir ma patrie!“
Non, malheureux! tu veux l'incendier.

Au premier personnage de droite.

Toi, te cachant toujours,
Tu penses, nuits et jours,
A dérober aux yeux
Tes faits et tes pas tortueux.
Mais pourquoi donc cette marche secrète?
Nous voile-t-elle un coupable lien?
Tout bon Français devrait, je le répète,
Ne se cacher que pour faire le bien.

Au second personnage de gauche.

Et toi, de tes écrits,
Sans cesse tu poursuis
Pouvoirs et gouvernants
Que nous avons depuis vingt ans.
Dans ta conduite, on trouve un peu de louche...
Tu poursuivras tout ministre nouveau
Jusqu'au moment où, pour fermer ta bouche,
On y mettra bonne part du gâteau!

Au second personnage de droite.

Toi, tu veux t'enrichir;
Je comprends ce désir...
Mais, pour avoir du bien,
Nous savons quel est ton moyen.

Tu nous l'apprends en maximes bien claires:
„Tout héritage en France est un abus!“
Tu ne veux plus de nu-propriétaires [1]),
Tu voudrais des... propriétaires nus!
    Sortez donc de céans;
    On connaît vos talents...
    Oui, vous perdez vos pas,
Ici de vous on ne veut pas.

    S'avançant sur le devant de la scène.

Ce que je veux, pour calmer la tempête.
C'est d'importer enfin dans le pays
Le vrai travail, le règne de l'honnête,
Pour rallier un jour tous les partis.
    Clubistes éprouvés,
    Émeutiers réprouvés,
    Rentrez sous les pavés
    Que vous avez trop soulevés!!!
(Les quatre personnages sortent vivement.)

CHŒUR GÉNÉRAL.

    Clubistes éprouvés,
    Émeutiers réprouvés,
    Rentrez sous les pavés
Que vous avez trop soulevés!
        (Le rideau baisse.)

[1]) Celui qui a la propriété du fond sans la jouissance.

ACTE SECOND.

Le jardin de la Fraternité. — Riches construc-
tions. — Jets d'eau. — Arbustes et fleurs etc.

Scène I.

CAPRICE, L'IDÉE. (*Ils arrivent par des côtés dif-*
férents. Caprice porte en sautoir une petite boîte
avec cette inscription : Boîte de la Foire aux Idées.)

L'IDÉE. Ah! je vous retrouve enfin, Caprice; voilà
une heure que vous me faites attendre...

CAPRICE. Ce n'est pas ma faute, maman... Le temps
passe quand on court après les nouvelles... J'ai fait
les quatre coins de Paris avec ma boîte en sautoir,
priant les passants d'y jeter leurs idées...

L'IDÉE. Avez-vous fait bonne récolte?

CAPRICE, *secouant la boîte.* C'est bien maigre!...
voyons!... (*Ouvrant.*) Ah! une réclamation... (*Li-*
sant.) „Un citoyen demande la décoration pour
avoir sauvé un homme... Il prouvera qu'à la der-
nière émeute il s'est sauvé lui-même.« (*Prenant un*
deuxième papier.) On nous prie d'insérer ce discours
prononcé dans un banquet humanitaire.. (*Lisant.*)
„Mes frères, écoutez la voix d'un frère... ne sommes-
nous pas tous frères?... Or, puisque nous sommes
frères...« (*S'arrêtant.*) Connu! connu!...

Air de l'artiste.

Le nom si doux de frère
Est prodigué partout;
Voilà comme on peut faire,
En France, abus de tout!...

Ah! cela m'exaspère,
Et je crois, à la fin,
Que, si j'avais un frère,
J' l'appell'rais mon cousin.
Oui, si j'avais un frère, etc.

(Lisant un troisième papier.) Ah! mon Dieu!... *(Un quatrième.)* Ah! mon Dieu!... *(Un cinquième.)* Ah! mon Dieu!...

L'IDÉE. Qu'y a-t-il?

CAPRICE. Des provocations, des duels, pour vous, pour moi, pour tout le monde!

L'IDÉE. C'est la mode...

CAPRICE. Maman, je sais que vous êtes brave... mais vous ne tirez pas le pistolet; il faut l'apprendre. *(Montrant la coulisse à droite.)* Justement, voilà un tir... des pistolets de salon... exerçons-nous. *(Appelant.)* Eh! l'homme!...

Scène II.

LES MÊMES, CAPSULE.

CAPSULE, *roulant en scène un tir portatif garni de poupées.* Voilà messieurs, mesdames... essayez votre adresse en passant...

CAPRICE. Voilà un muséum de poupées qui me paraît bien assorti.

CAPSULE. C'est la collection complète des grands hommes d'aujourd'hui.

L'IDÉE. Tiens... tiens... ils sont en plâtre!

CAPSULE. Tous... et pour raison...

Air de Taconnet *(En amour comme en amitié).*
Des grands esprits, dignes de nos regrets,
Qui du pays feront toujours la gloire,
En marbre, en bronze, on nous transmit les traits...
Mais maintenant en plâtre on écrit notre histoire.

Laissant d' côté le dur métal ancien,
On prend chez nous, et c'est beaucoup plus sage,
   Un' matièr' qui ne dure rien,
Pour fair' les homm's qui n' dur'nt pas davantage!

CAPRICE. (*Il prend deux pistolets, et en offre un à l'Idée.*) Allons, maman, à vous l'honneur!.. Essayez-vous sur ces poupées...

L'IDÉE, *reculant*. Ah!...

CAPSULE. N'ayez pas peur... ce sont des pistolets de salon... ça ne fait pas de bruit... Remarquez que toutes ces poupées ont un nom. (*Les désignant.*) Voici l'Industrie... Apollon, le dieu des Beaux-Arts...

CAPRICE, *riant*. Il est un peu maigre votre Apollon!

CAPSULE.   C'est qu'on le nourrit fort mal par le temps qui court.

Air : Gaî, gai, marions—nous!
Feu! feu! commencez l' feu!
   Que la poupée
   Soit frappée
Juste dans le milieu...
C'est le mérite du jeu!

CAPRICE.

Maman, visez bien!

L'IDÉE.
          J'y suis!
J'ai bon œil, laissez-moi faire...
Elle tire; une poupée se brise.

CAPSULE.

Pan! v'là l'Industrie à terre!...
Caprice tire; même jeu.

CAPSULE.
V'là les Beaux-Arts démolis!

ENSEMBLE.

Feu! feu! n' cessons pas l' feu!
          n' cessez pas

Que la poupée
Soit frappée
Juste dans le milieu!
C'est le mérite du jeu!

(*Pendant l'ensemble, Caprice et l'Idée ont pris chacun deux autres pistolets que leur a donnés Capsule.*)

L'IDÉE, *après avoir tiré.*
La justic' n'a plus de né...

CAPSULE, *à Caprice, qui a tiré.*
Sur la polic' vous fait's mouche!

L'IDÉE, *après avoir tiré.*
Du budget j' détruis la bouche!

CAPSULE, *à Caprice, qui a tiré.*
Le crédit est écorné!
Cessez! de grâce, assez!
Car en voilà trop par terre!
Le reste ne tient guère;
N' tirez pas sur les blessés.

ENSEMBLE.

Assez! c'en est assez!
Car en voilà trop par terre!
Le reste ne tient guère;
N' tirons pas sur les blessés!

L'IDÉE. Quelle est donc celle-là, qui est restée
debout, intacte?

CAPSULE, *prenant la figure.* C'est le petit chapeau... Oh! il est à l'épreuve.

Air du Piège.
Ce symbole en honneur à tous,
Témoin des gloires de l'empire,
A des tireurs plus forts que nous

Servit longtemps de point de mire !
Toujours en vue, illustre et fier drapeau,
Il effrayait la mitraille... La poudre,
Comme un encens, montait vers le chapeau
De l'homme qui tenait la foudre.

L'IDÉE. Maintenant, qu'on me provoque... on trouvera à qui parler... A tantôt, Caprice... je cours à l'imprimerie...

REPRISE ENSEMBLE.
Feu ! feu ! continuons l' feu !
Que la poupée
Soit frappée
Juste dans le milieu...
C'est le mérite du jeu !

(L'Idée sort.)

Scène III.
CAPRICE, CAPSULE.

CAPRICE. Pardon, monsieur, si je ne vous paye pas... il ne me reste en poche que juste ce qu'il faut pour opérer mon premier versement à la Banque du Peuple... cinquante centimes...

CAPSULE. Ah ! oui, j'ai entendu parler de cette nouvelle banque-là... Et qu'est-ce que ça rapporte ?...

CAPRICE. Ce n'est pas une banque instituée pour rapporter...

CAPSULE. Très-bien...

CAPRICE. Tout homme qui ne souscrit pas reçoit la dénomination de mauvais bourgeois.

CAPSULE. Bon... mais celui qui souscrit ?

CAPRICE. Celui qui souscrit ne reçoit rien du tout ... c'est-à-dire, il reçoit des bons de circulation.

CAPSULE. Ceux-là sont bien nommés ; rien que sur leur présentation, on vous enverra promener.

CAPRICE. Monsieur, où se tient cette Banque du Peuple?

CAPSULE. Elle se tenait *rue Cassette.*

CAPRICE, *étonné.* Rue Cassette... enfin! (*Fausse sortie à droite.*)

CAPSULE. Pardon, je crois que maintenant elle est *rue Vide-Gousset.*

CAPRICE. Rue Vide-Gousset... Au reste, je trouve la susdite banque mieux placée dans cette nouvelle rue...

> *Air :* Tenez, moi, je suis un bon homme.
> Ces financiers ont un système
> Qui doit fair' le bien général :
> Ils ferm'ront, grâce à leur problème,
> La banqu' de France et l'hôpital.
> Ils n'ont pas besoin d'un' grand' caisse
> Pour les fonds qu'ils f'ront circuler,
> Il leur faut seul'ment... et ça presse,
> Un' gross' caiss' ¹) pour les appeler...
> ENSEMBLE,
> Il leur faut seul'ment... et ça presse,
> Un' gross' caiss' pour les appeler...

CAPRICE. Adieu! je vais faire mon versement. (*Il sort à gauche. — On entend un grand bruit.*)

CAPSULE. Ah! grand Dieu! qu'est-ce que c'est que ça? (*Il va voir au fond.*) Un homme poursuivi!... Eh! mais, je le reconnais... c'est monsieur Paris... entouré de mesdemoiselles ses rues... Qu'est-ce qu'elles réclament encore?.. (*Il entre dans la coulisse en roulant sa boutique.*)

1) große Trommel.

Scène IV.

M. PARIS, LA RUE LAMARTINE, LA PLACE DES VOSGES, LA RUE NOTRE-DAME DE LORETTE, LA PLACE DE LA RÉVOLUTION, D'AUTRES RUES.
(Chaque rue porte une petite lance dorée avec une flamme sur laquelle est écrit son nom.)

CHŒUR DES RUES.

Air de la Tentation de saint Antoine.

Elles entourent M. Paris.

De grâce, Monsieur, répondez-nous!
Il est vraiment temps, expliquez-vous!
Savez-vous donc
Par quelle raison
On change ici notre nom?

PARIS, *avec colère.*
Non!!!

LA RUE NOTRE-DAME DE LORETTE. Monsieur Paris, vous devez protéger vos enfants; car enfin les rues de la capitale sont vos filles.

PARIS. Silence, mademoiselle Notre-Dame de Lorette!

LA RUE NOTRE-DAME DE LORETTE. Du tout!... Nous n'étions pas des filles sans noms... pourquoi nous débaptiser?

PARIS. C'est une nécessité de l'époque... on débaptise et on rebaptise tout aujourd'hui.

Air : On dit que je suis sans malice.

L'ancien amour de la patrie,
On le nomme démocratie...
Le désordre de la cité,
Cela s'appelle liberté.
Tout change enfin de nom en France...
La royauté d'vient présidence;

La pauvreté, d' l'égalité,
Les coups d' poing, d' la fraternité.

LA PLACE DE LA CONCORDE. C'est possible, mais on ne s'y reconnaît plus, on s'égare en route...

PARIS. Ça ne m'étonne pas... moi, Paris, moi... je me perds dans moi-même. Hier, je demande mon chemin... On me dit: Prenez *la Rue de la Réforme,* elle vous conduira *rue des Barricades,* au bout le *Vingt-Quatre Février...* traversez vite la rue *Provisoire* à gauche, et suivez toujours *la République* à droite.. j'ai suivi... et je suis arrivé rue de l'Echaudé...

LA RUE NOTRE-DAME DE LORETTE. Voyez donc... je m'appelais *rue Notre-Dame de Lorette...* crac! on me change, et je me nomme à présent *rue de la Vertu.* Vous comprenez le tort que cela peut me faire...

LA RUE LAMARTINE, *pleurant.* Ah! ah! ah!

PARIS. Qui est-ce qui pleure ici? Tiens, c'est la ci-devant Coquenard.

LA RUE LAMARTINE. Oui, na!... Je voulais garder mon ancien nom... un si joli nom... il va être perdu.

PARIS. Oui... et pour qu'il ne le fût pas, vous voudriez que le monsieur qui vous a donné le sien prît le vôtre?...

LA RUE LAMARTINE. Oui, na!...

PARIS. Impossible, ma chère fille... Allez donc dire: *Voyages en Orient de M. Coquenard... Méditations poétiques de M. Coquenard!...* Au surplus, ils prétendent que quelques-unes d'entre vous portaient des noms sédieux... qu'on n'osait plus vous traverser...

LA PLACE DES VOSGES. Oui, c'est pour cela qu'on m'a nommée la place des Vosges.. quel affreux nom!..

PARIS. Chut!... votre ancienne inscription était anarchique, mademoiselle... elle pouvait faire croire,

aux personnages peu lettrées et aux petits enfants,
qu'il y a eu des rois en France... ce qui n'est pas
vrai!... La république a toujours existé!... Charle-
magne, François Ier, Henri IV, Louis XIV n'ont jamais été que des généraux de la République!

Scène V.

Les Mêmes, LE PALAIS-NATIONAL. *Il est en cui-*
sinier et porte sur son ventre cette inscription:
Véry, Véfour.

LA PALAIS-NATIONAL, *se plaçant à côté de M. Pa-*
ris. C'est possible! mais on aurait dû faire une exception en ma faveur... quelle est la première chose
que demande un étranger en arrivant à Paris?... le
Palais-Royal...

PARIS. Je sais bien, mon gros bonhomme... il y a
même une chanson... (*Fredonnant.*)
      „Au Palais-Royal, à Paris.“ (*Bis.*)
Le Palais-National reprend le bis avec lui.
On chantera à présent:
      „Au Palais-Natio-nal, à Pa-aris...“
C'est long... ça ne va pas sur l'air; mais enfin, si ça
doit sauver la France!...

      Air nouveau de M. Henri Potier.
      Chez nous, tout devient national;
      Nous avons le pont national,
      Nous avons le bleu national,
      Et le jardin national.
      Chaque édifice théâtral
      Se pare du mot national;
      Chaque moellon monumental
      Devient tout à coup national.
      Notre peuple est donc sans rival?
      Mais tout n'en irait pas plus mal.

Si, par un accord libéral,
Nous avions, sur le sol natal,
Le moellon moins national,
Et l'esprit plus national.

TOUS, *reprenant.*
Le moellon moins national,
Et l'esprit plus national.

LA PLACE DE LA RÉVOLUTION, *passant près de Paris.* Et moi, à la fin des fins, qu'est-ce que je suis? place Louis XV? place de la Révolution? place de la Concorde? J'ai fait une pétition pour être fixée.

PARIS. On l'accueillera.

Air de l'Avare.
Oui, votre requête est admise,
Bientôt on s'en occupera;
Il faut enfin qu'on vous baptise,
Car vous êtes trop grande, oui dà,
Pour retarder encor cela!
Sur votre nom que l'on s'accorde...
Je suis sûr que la nation
Au mot de révolution
Préférera le mot concorde!

LES RUES, *entourant Paris.* Monsieur Paris!... monsieur Paris!...

PARIS. Convenu... entendu... on vous redressera... on vous allongera... j'attends des fonds pour cela... Justement voici monsieur Sacoche, mon premier commis, qui m'apporte sans doute de l'argent... il vient du trésor.

Scène VI.

LES MÊMES, SACOCHE, *puis* CAPRICE.

PARIS. Eh bien! Sacoche, mes fonds?...
SACOCHE, *en passant.* Des fonds? ah bien, oui!...

on ne parle plus que de réformes économiques. *(Il montre un grand sac vide.)*

PARIS. Je sais... je sais... à tort, à travers... on coupe... on tranche... on rogne...

Air : Allez-vous-en, gens de la noce.
Quand certains homm's menaient la France,
Les millions filaient comm' l'éclair ;
Ils nous disaient que leur science
Ne pouvait se payer trop cher.
Déchus, les voilà qui s'enflamment
Contr' le systèm' qu'ils ont prêché,
Craignant pour d'autr's leur vieux péché,
Ceux qui coûtaient si cher réclament
L' gouvernement à bon marché !
TOUS.
Ceux qui coûtaient si cher réclament
L' gouvernement à bon marché !

CAPRICE, *accourant.* Place ! place aux Économies !

PARIS. Les économies ?

CAPRICE. Elles se rendent en cortége dans les différentes commissions pour être examinées ; les voilà !..

Scène VI.

LES MÊMES, LES ÉCONOMIES RURALES ET BUREAUCRATIQUES, *figurées l'une par un garde champêtre, l'autre par un homme couvert de plumes à écrire.*

PARIS, *montrant le garde champêtre.* Ceci vous représente la police rurale... par suite de ces doctes économies, nous n'aurons plus qu'un seul garde champêtre pour toute la France... il ira, tous les jours, de Brest à Toulon, et il reviendra par Strasbourg... Le gouvernement, toujours grand et généreux, lui alloue une paire de souliers par an...

CAPRICE, *riant.* Je lui conseille d'y faire mettre des clous...

PARIS, *désignant le monsieur couvert de plumes.* Ce monsieur, qu'à la première vue on prendrait pour un porc-épic, vous représente la réforme bureaucratique... Tous les employés du ministère de l'intérieur sont supprimés... monsieur les remplace... il écrit avec tous ses membres... chacun d'eux est affecté au service d'un ou de plusieurs départements.

> *Air :* J'ai vu partout dans mes voyages.
>
> Les membr's de cet homm' qu'on prône
> Vont correspondre sans délais,
> La bouche, avec les *Bouch's-du-Rhône,*
> Le pied, avec le *Pas-d'Calais.*
> Il fonctionn' même le dimanche,
> Et de cet habile écrivain
> L' bras correspond avec la *Manche,*
> Et le dos avec le *Bas-Rhin.*

Il reçoit trente-cinq francs par trimestre pour tous appointements, ce qui fait que sa poche correspond avec la Creuse...

(Tambours et musique militaire se font entendre au dehors.)

CAPRICE, *allant regarder dans la coulisse.* Attendez... les économies militaires se mettent en mouvement... regardez... voilà l'armée française d'après la réduction proposée...

PARIS. Les économies militaires !... est-ce qu'ils oseraient lésiner sur nos braves soldats ?... je voudrais bien voir !... *(Regardant dans la coulisse.)* Ah ! mon Dieu ! trois hommes et un caporal !...

CAPRICE, *regardant aussi.* Et le tambour qui n'a qu'une baguette !

PARIS. Sans doute par économie... les manchots pourront servir..... *(Fanfares dans la coulisse.)*

CAPRICE, *regardant toujours.* Miséricorde! et notre cavalerie montée sur des chevaux postiches!

PARIS. Le foin est hors de prix... depuis que tant de gens l'ont accaparé pour mettre dans leurs bottes [1])... Et l'artillerie ?...

CAPRICE, *revenant sur le devant de la scène.* Supprimée...

PARIS. Supprimée!...

CAPRICE. Les boulets étaient trop chers ... cependant on en prêtera aux soldats, mais à la condition de les rapporter après s'en être servis...

PARIS. Ah ça! mais c'est du vertige!... Je comprends les sages réformes; mais, quant à de certaines économies, messieurs, halte là!

> *Air :* Aux braves hussards du cinquième.
> Sur tous les cumulards de places [2])
> Faisons main basse désormais;
> Que les fainéants, les voraces
> Soient rayés de tous les budgets!
> Rayons-les de tous les budgets!
> Mais sur les arts et le génie
> Qui naissent dans nos beaux climats,
> Sur ces gloires de la patrie,
> Messieurs, n'économisons pas!
> ### CHŒUR.
> Messieurs, n'économissons pas!
> #### PARIS.
> DEUXIÈME COUPLET.
> Eh! quoi!... marchander notre armée!
> Nous livrer aux coups du hasard!

1) Mettre du foin dans ses bottes, einen unerlaubten Gewinn machen.

2) Jemand, der mehrere Stellen vereinigt.

Son civisme et sa renommée
Nous offrent un dernier rempart,
Voilà notre dernier rempart!
Et, si des peuplades sans gloire
Venaient menacer nos climats,
Qui défendrait le territoire?
Sur nos soldats, n'économisons pas...

CHŒUR.

Sur nos soldats, n'économisons pas...
(*Bruits confus au dehors.*)

PARIS. Qu'est-ce que c'est que ça? Ah! nous sommes en pleine élection! c'est le jour des professions de foi et des réunions préparatoires!...
(*Caprice disparaît pendant l'entrée de ces nouveaux personnages.*)

Scène VIII.

LES MÊMES, UN CANDIDAT, DES AFFICHEURS, PEUPLE.

LE CANDIDAT, *entrant; il est suivi de nombreux afficheurs et de gens du peuple.* Par ici... par ici... (*Regardant autour de lui.*) Hein?... quoi! plus de place pour afficher mes principes... la concurrence veut m'étouffer... (*A ses afficheurs.*) Citoyens, masquez les affiches avec les miennes... il faut coller mes concurrents...

CHŒUR.

Air de Fernand Cortez.

Agiles afficheurs,
Collons sur les murailles

Placards de toutes tailles
Et de toutes couleurs.
(*Pendant le chœur, on a roulé un tonneau sur le théâtre.*)

LE CANDIDAT. Ah! voci ma tribune!... (*Il s'élance sur le tonneau.*) Citoyens! voulez-vous sauver la France?...

TOUS. Oui.. oui...

LE CANDIDAT. Nommez-moi... je me présente devant vous sans *balancier* [1])...

TOUS. Comment?...

LE CANDIDAT, *se reprenant.* Sans balancer... Vous parlerai-je de mes vertus?... Oui... eh bien! si je n'ai pas eu le prix Monthyon, c'est que l'Académie n'a jamais su mon adresse.

TOUS. Ah!

LE CANDIDAT. Vous parlerai-je de mon courage?.. Oui... quand la révolution éclata, je voulus saisir mon fusil, mais un huissier l'avait saisi la veille... je restai saisi...

PARIS. Très-bien, monsieur... permettez-moi une interpellation!... Comment ressusciterez-vous le crédit?

LE CANDIDAT. En anéantissant les espèces!...

Air du Vaudeville de Fanchon.

Voulant que tout s'arrange,
Je remplac' par l'échange
Le métal
Et le capital!
Contre eux je me prononce...
Car enfin leur règne est passé!
Il faut qu' l'argent s'enfonce...
(*Il disparaît dans le tonneau.*)

1) Balancirstange.

PARIS, *riant.*
V'là mon homme enfoncé!

TOUS.
Avant qu' l'argent n' s'enfonce,
Vl'à notre homme enfoncé.
(Après une lutte et du tumulte, un deuxième Candidat s'élance sur le tonneau.)
LE DEUXIÈME CANDIDAT. Citoyens, voulez-vous sauver la France?... prenez-moi... je vous promets...
PARIS. Oui... oui... connu...

Même air.

Celui-ci, c'est un sage,
Qui veut que l'on partage
Son bien
Avec ceux qui n' font rien.
La France, pour réponse,
Lui dit: Vous êtes trop pressé.
(Le Candidat disparaît dans le tonneau.)
Encore un qui s'enfonce,
Encore un d'enfoncé!

TOUS.
Encore un qui s'enfonce,
Encore un d'enfoncé!
(Une nouvelle dispute s'engage entre les Candidats. Un d'eux, pour empêcher un de ses concurrents de monter, s'accroche aux basques de son habit et les arrache; puis il s'élance sur le tonneau les basques à la main.)

TROISIÈME CANDIDAT. Citoyens, je vois avec satisfaction que les partis commencent à s'entendre... ils ne se déchirent plus... Citoyens, voulez-vous sauver la France?... prenez-moi... je vous promets...
PARIS, *l'interrompant.* Oh! toi, je te connais...

Même Air.
Celui-ci, dans son zèle,
Veut que rien ne rappelle
Au choix
Les grands noms d'autrefois;
Il veut qu' la Franc' renonce
A l'éclat brillant du passé...
(*Le troisième candidat disparaît dans le tonneau.*)
Encore un qui s'enfonce,
Encore un d'enfoncé!

TOUS.
Encore un qui s'enfonce,
Encore un d'enfoncé!

PREMIER CANDIDAT, *passant la tête par la bonde*[1]) *du tonneau.* Mais, malheureux, en m'enfonçant, vous vous enfoncez!.. la graine de candidats devient très-rare... votre nouvelle loi électorale la concasse...[2])

PARIS. C'est bon... c'est bon...

PREMIER CANDIDAT. Citoyens... voulez-vous sauver la...

PARIS, *fermant la bonde.* Sauve-toi, toi-même... en fait de candidats... percez-nous-en d'un autre tonneau... c'est l'avis de la France... Justement la voici. (*Allant au devant d'elle.*) Venez, mademoiselle France!...

Scène IX.

LES MÊMES, Mlle LA FRANCE.

MLLE FRANCE. Dieu! que ma loi électorale me donne d'embarras!

Air des Comédiens.
Sur plus d'un choix on sut me contredire;
Je me trouvais de la minorité.

1) Spundloch. 2) zerstoßen.

J'ai dû, soumise aux lois de mon empire,
Subir le vœu de la majorité.

Chaque orateur, plaidant sa propre cause,
Aux candidats refusait son appui,
Et demandait au décret une clause
Qui les exclût tous, tous... excepté lui !

Des conseillers, connus par leurs lumières,
On m'a ravi le bienfaisant soutien...
Plus d'une fois je verrai mes affaires
Faites par ceux qui n'y connaîtront rien.

Quelques prélats quitteront nos séances:
J'aurai voulu pour eux un petit coin ;
Car ils pourraient donner des indulgences...
Mes conseillers en ont parfois besoin.

On a banni, par excès de prudence,
Ceux qui sont pris à tromper les maris...
On aurait dû frapper, de préférence,
Ceux qui sont pris à tromper le pays !

Dans mon conseil, un guerrier que j'honore
Ne peut entrer... et, par exception,
Pour le soldat qu'un noble nom décore,
La gloire est donc une punition ?

Rassurez-vous, car malgré ces entraves,
La France encor peut faire de bons choix,
Et retrouver des cœurs loyaux et braves
Qui maintiendront et sa gloire et ses droits !

TOUS.

Rassurons-nous ; car malgré ces entraves,
La France encor peut faire de beaux choix,

Et retrouver des cœurs loyaux et braves
Qui maintiendront et sa gloire et ses droits!

Scène X.

LES MÊMES, CAPRICE, L'IDÉE. *(Ils sont chargés de papiers et d'affiches.)*

CAPRICE, *entrant.* Au secours! au secours!... débarrassez-nous...

L'IDÉE. Nous succombons sous le poids des professions de foi...

—CAPRICE. Quelle charge! on en a collé jusque sur notre journal... tenez, voyez!
(Cri d'étonnement de tous les personnages en voyant le Rideau-Journal descendre.)
Ah!

ACTE TROISIÈME.

Rideau-Journal.

Rideau-

LA FOIRE

JOURNAL ACOUSTIQUE, DRA-

Démocratique et

PROFESSION DE FOI.

Nommons CHAPONEL!!!

Il veut que chaque citoyen ait le droit de fabriquer, pendant quinze ans, les billets de banque nécessaires à ses besoins.

CHALAMARD,

Aux Électeurs!!!

Son épouse est nourrice; elle a la recette du Lait Républicain, grâce auquel, tous les enfants chanteront la Marseillaise, à leur première dent.

CITOYENS,

Nommons GALIFRON!!!

Il est fondateur des Bains chauds Socialistes; l'établissement ne possède qu'une baignoire; mais une ficelle sépare les sexes.

VIVE TRI-

Il est totalement mille, sans amis, fortune, et sans les saires. Il ne craint à nu.

Petite Cor-

Démoc....

COUTANCES.

Nous avons remitié, mais pas Nous préférons les

ANNONCES

Grand banquet
3 francs

Les convives qu'on ne mangera

Journal.

AUX IDÉES,
MATIQUE, ARISTOCRATIQUE,
non Pacifique.

FOUILLARD !!!

inconnu; sans fa-
sans la moindre
vêtements néces-
pas de se montrer

---

respondance,
ET Soc....
— Mr J***.
çu vos offres d'a-
les 10 francs. —
10 francs.

DIVERSES.

humanitaire:
par bête.
sont   prévenus
pas.

UN MÉDECIN SOCIALISTE

Demande deux malades pour faire sur eux une foule d'expériences dangereuses.

S'adresser rue de la Bienfaisance.

SAVON DE LA FRATERNITÉ.

Il nettoie les gants, et, si l'on veut laisser les mains dedans, il nettoie les mains avec.

A VENDRE.

Un meuble Louis XV qui a appartenu à Louis XIV.

Objets perdus.

Il a été perdu un roquet répondant au nom de PROVISOIRE.

On est prié de ne pas le ramener.

Le RIDEAU-JOURNAL *se relève; les personnages suivants se trouvent placés sur le théâtre.*

Séraphin, Mlle France, Caprice, L'Idée, M. Paris, Capsule, Littérature, Le Théatre, La Rue Notre-Dame de Lorette, La Place des Vosges, La Rue Lamartine, La Place de la Concorde, Les Candidats, Tortochot, Le Palais-National, La Rue de la Boule-Rouge.

VAUDEVILLE.

Air : Allons-nous en gens de la noce.

LE THÉATRE.

Sous le systèm' démocratique,
Tout est au mieux... c'est entendu...
Sous le régime monarchique,
Rien n'était bien... c'est convenu!...
Mais, comprenez-vous la démence,
Des réactionnair's... j'ai frémi!...
Ils s'imaginent qu'aujourd'hui
On reverrait sans malveillance
Et des Colbert et des Sully!

(*Les deux derniers vers de chaque couplet sont repris en chœur.*)

L'IDÉE.

On a, sans redouter le blâme,
Naguère aboli le serment...
Voilà, maintenant, qu'on réclame
Un' loi pour son rétabliss'ment.
Je trouv' que c'est bien despotique
D'exiger de longs engag'ments ;
Et je demand' que les serments,
En amour comme en politique,
Ne dur'nt tout au plus que deux ans!

M. PARIS.

De tous côtés on s'associe
Pour mettre en commun les travaux;
On m'a dit que cette manie

Gagnait même les animaux.
Les moutons, innocentes bêtes,
Dans leur club se sont entendus,
Ils vont, repoussant les abus...
Se mettre eux-mêm's en côtelettes,
Et s'associer pour êtr' tendus.

CAPSULE.

Le communisme, en Icarie,
Porte ses pas aventureux ;
Mais il est une autre patrie
Qui lui conviendrait beaucoup mieux.
Pour bien assurer la doctrine
Qu'ils prêch'nt avec ténacité,
Les communist's, en vérité,
Devraient plutôt aller en Chine ;
Là, s' trouv' la grand' *commune au thé.*

CAPRICE.

L'élection, faveur sans égale,
Doit être un vrai brevet d'honneur ;
J' conçois qu' d' l'urne électorale
La loi rejette le voleur.
Mais, le séducteur, quelle école !
Se trouve au larron accolé :
Ça me paraît bien mal réglé...
Quell' différenc'!... le larron vole,
L' séducteur est souvent volé !

MLLE FRANCE.

Fuyant l'orage et l'Italie,
Les hirondelles vont venir ;
Des rossignols la voix chérie,
Grâce au printemps, va nous ravir.
Depuis longtemps, dans nos parages,
S'ébattent chouettes et corbeaux ;
Volez ailleurs, tristes oiseaux !
La France, comme doux présages,
Demande enfin des chants nouveaux !

SÉRAPHIN.

L'autre jour, à l'Observatoire,
J'examinais le firmament,
Et, là-haut, vous pouvez m'en croire,
Il se prépare un grand chang'ment,
Dans une éclipse sans égale,
Combien d'astres vont se voiler!...
Aussi je vais me régaler
D'une lunette électorale,
Pour voir tous ceux qui vont filer.

PARIS.

Pauvre Rome, ville éternelle,
Es-tu condamnée à mourir?
Chaque jour, discorde nouvelle
Vient t'accabler et t'assaillir!
Dans tes beaux palais de porphyre
De tristes hôtes font leur nid:

<table>
<tr><td>Les Blaguini,</td><td>Socialini,</td></tr>
<tr><td>Les Clubini,</td><td>Furionini,</td></tr>
<tr><td>Poignardini.</td><td>Hurlandini,</td></tr>
<tr><td>Rougeonini,</td><td>Chipantini!...</td></tr>
</table>

Maudissant tous ces noms en i...
Pauvre Rom' quand pourras-tu dire:
Ni ni, merci... c'est fini!

MLLE FRANCE, *au public.*

La loi qui règle l'assistance,
Loi d'amour et de charité,
Va recevoir bientôt, en France,
Le sceau de la légalité.
Messieurs, vous avez, par avance,
Le pouvoir de la discuter...
Même le droit de le voter...
Nous sollicitons l'assistance,
Veuillez pour nous la décréter.

CHŒUR GÉNÉRAL.

Nous sollicitons l'assistance,
Veuillez pour nous la décréter.

LA FOIRE AUX IDÉES,

JOURNAL-VAUDEVILLE EN TROIS ACTES,

PAR

MM. DE LEUVEN ET BRUNSWICK.

TROISIÈME NUMÉRO.

Personnages.

PARIS.
TRAQUENARD.
GARDON.
FIRMAMENT.
LA MERE GIGOGNE.
ROUGET.
BROCHET.
LA SOLE.
L'ECREVISSE.
CHAUDCHAUD.
UN PETIT MARQUIS.
UN BOURGEOIS.
UN OUVRIER.
LA RAISON.
LA GASCOGNE.

LA SEINE.
LA NORMANDIE.
L'OISE.
LA PROVENCE.
LA MARNE.
LA BRETAGNE.
LA CHAMPAGNE.
LA BOURGOGNE.
L'ALSACE.
L'AUVERGNE.
Poissons rouges.
Poissons plats.
Exposants.
Exposantes.

ACTE PREMIER.

PARIS ET LES PROVINCES.

Le théâtre représente une place pittoresque de village, près d'un débarcadère du chemin de fer du centre. — Au fond une auberge ayant une porte sur la place.

Scène I.
PARIS, CHAUDCHAUD.

CHAUDCHAUD, *entrant suivi de Paris.* Par ici, par ici, monsieur Paris; nous voilà arrivés à destination... vous avez vu avec quelle rapidité la locomotive a mangé la distance?

PARIS. Oui... oui, garçon... seulement je voudrais qu'on laissât aux voyageurs le temps de manger autre chose.

CHAUDCH. Avant tout, il faut arriver... j'ai chauffé dur... je savais bien qui je menais... je vous avais reconnu, monsieur Paris... j'avais déjà eu l'honneur de vous voir...

PARIS. Chez moi?

CHAUDCH. Non... à la foire...

PARIS. A la foire de Saint-Cloud?

CHAUDCH. Non, non.

PARIS. Oui, oui, à la foire aux jambons?

CHAUDCH. Non, à la *foire aux idées...* Je me suis dit: monsieur Paris s'ennuie probablement de rester continuellement dans son enceinte continue...

PARIS. Oui... je suis sorti de moi-même... je me suis permis un *extra... muros...* j'ai pris le chemin de fer du centre, pour venir au devant des provinces, qui apportent à mon exposition les produits de leur industrie. C'est ici que je leur ai donné rendez-vous...

CHAUDCH. C'est galant!...

PARIS.

Air de Téniers.

Terre des arts, notre France s'impose
Comme un devoir ce voyage d'honneur,
Et c'est chez moi que chaqu' province expose
Sa part de gloire et sa part de labeur...
Les surprenant au milieu du voyage,
Je viens jeter un regard indiscret
Sur chaque fleur dont bientôt l'assemblage
Composera mon séduisant bouquet.

*(Des cris de joie se font entendre à la canton-
nade.)*

Ah! ah! voici mesdames les Provinces!...

CHAUDCHAUD. Je vous laisse à vos occupations!

(Il sort.)

Scène II.

**PARIS, LA PROVENCE, L'ALSACE, LA CHAMPA-
GNE, LA BOURGOGNE, L'AUVERGNE, LA GAS-
COGNE, LA BRETAGNE, LA NORMANDIE.**

CHŒUR DES PROVINCES.

Air de M. Montaubri.

Provinces de France,
Nous sommes d'avance,
Par obéissance,
Tout's au rendez-vous.
Chacun' s'glorifie,

Et va d' son génie
Rendr' Paris jaloux.

PARIS. Bonjour, bonjour, mes charmantes amies...
(*Prenant le menton de l'Alsace.*) Est-elle gentille
cette petite Alsace!... toujours grasse, toujours rondelette...

L'ALSACE, *avec son accent.* C'est naturel! je man-
ge de la bonne choucroûte.

PARIS. Et la Normandie! quelle fraîcheur!... des
joues comme des pommes d'api...

LA NORMANDIE. Des pommes d'api... nenni! nous
n'en voulons point... ça ne fait point de bon cidre.

LA BOURGOGNE, *avec dédain.* Du cidre! quelle
boisson!... Parlez-moi du Chambertin!

PARIS. Oh! la Bourgogne qui se vexe! (*Lui prenant la taille.*) Eh! eh!... rondelette comme une
futaille ¹)!... la Bretagne, la Beauce, l'Auvergne, la
Gascogne, la Provence!... toutes florissantes... Allons, allons, c'est à merveille, et, sitôt que j'aurai dé-
jeuné, en route pour mon palais de l'industrie.

Air : J'ai vu le Parnasse des dames.
Il est splendide et magnifique,
Digne de notre nation!
J'ai construit cette œuvre magique
En plâtre, en volige ²), en carton.
J'en suis pour une forte somme.

LA GASCOGNE.
Que durera-t-il?

PARIS.
Peu d'instants!
Il n'est pas solide!...

LA GASCOGNE.
C'est comme
Tout c'que Paris fait d'puis quelqu'temps. (*bis*)

1) Faß. 2) Schindelbrett.

PARIS. Ne parlons pas politique... parlons cuisine...

LA GASCOGNE. Vraiment? vous êtes à jeun, monsieur Paris?

PARIS. Sans doute... je vous attendais... est-ce que je peux vivre sans vous? ce sont les provinces qui m'alimentent... Voyons, comme à l'ordinaire, donnez-moi ce que vous avez de meilleur pour remplir mon petit estomac.

Air : Vive la réforme. (De la Propriété.)

Allons, qu'on me serve, qu'on s'empresse et que l'on
trotte!

> Je prétends
> Et j'entends
> Que l'on me dorlotte.

Car je suis Paris, il faut, il faut qu'on me mijotte [1]),
> Et qu'on me traite, oui-dà,
> Comme un vrai pacha!

LES PROVINCES.

Pour servir monsieur, il faut qu'on s'empresse et
qu'on trotte!

> Il prétend,
> Il entend
> Qu' chacun' le dorlotte.

Parc' qu'il est Paris, il faut, il faut qu'on le mijotte!
> C'est qu'il nous traite, oui-dà,
> Comme un vrai pacha.

PARIS, *avec impertinence.* Allons, ouvrez vos bissacs, petites, et donnez-moi ce que vous avez de plus délicat.

LA GASCOGNE. Mais voyez donc ce genre que prend monsieur Paris en parlant aux provinces!

PARIS. Eh bien! est-ce que je ne dois pas ordon-

-----

1) verhätscheln.

ner et, vous, obéir? Quand j'éternue, vous devez dire: Dieu vous bénisse... que diable!... Paris est la tête... et la province est la queue.

LA GASCOGNE. C'est donc pour ça que vous nous la faites si souvent... Eh bien! nous n'entendons plus de cette oreille-là!... il est temps enfin que les provinces aient aussi voix au chapitre.

TOUTES. Oui, oui.

LA GASCOGNE.

Air : Les Gueux.

Monsieur Paris, nous avons voté
Notre liberté,
Notre égalité.

LA BRETAGNE.

En province, les familles
N'mordront plus à vos ham'çons,
Vous n'enlèv'rez plus nos filles,
Et nous gard'rons nos garçons.

TOUTES.

Monsieur Paris, nous avons voté
Notre liberté,
Notre égalité.

LA NORMANDIE.

Chez nous, bientôt chaque ville
Aura, sans opposition,
Son théâtr' du vaudeville...
Pour y fair' d' la réaction.

TOUTES.

Monsieur Paris, nous avons voté, etc.

LA GASCOGNE.

Ce Paris toujours conspire,
Ça devient très-embêtant,
Les provinc's viendront lui dire
Va... prendr' ton département.

TOUTES.

Monsieur Paris, nous avons voté, etc.

PARIS. Qu'entends-je?... de la rebellion!.. de l'insurrection!... on se permet de la contrefaçon!...

LA GASCOGNE. Eh bien! oui, et puisque l'occasion se présente, nous allons lui dire son fait à monsieur Paris.

PARIS. Silence, Provinces!

LA GASCOGNE. Comment! silence?... vous voulez nous empêcher de parler, de jacasser, vous, Paris, qui n'avez que huit cent mille locataires...

Air : Amis, voici la riante semaine.

Vous devenez vraiment trop excentrique,
Et, chaque jour, vous changez de refrain!
Un soir, mon cher, vous êtes monarchique
    Et, le lend'main,
    Vous êt's républicain!
Vous renversez... et, quand l'affaire est faite,
Le télégraph' daigne nous en parler...
Ensemble au moins pétrissons la boulette...
Si vous voulez nous la faire avaler.

PARIS. Vous avalerez tout ce que je voudrai, pendant que, moi, j'avalerai vos produits...

LA GASCOGNE. Vous croyez ça?... (*Aux Provinces.*) Provinces, voulez-vous toujours vous laisser traiter en petites filles?...

TOUTES. Non, non...

LA GASCOGNE. Fermons nos sacs, gardons nos bonnes choses... Paris déjeunera comme il pourra...

PARIS. Miséricorde! priver Paris de sa douzaine d'huîtres, de son chablis, de ses œufs à la coque et de son petit café au lait!... mais ça ne s'est jamais vu... vous oubliez donc que je suis centre... que je suis votre milieu.

LA GASCOGNE. Ta ra ta ta! nous nous émancipons! nous nous décentralisons!...

Air : **Je voulais pas.** (Fra Diavolo.)

Nous voulons bien (*bis*)
Recevoir de la capitale
Des fonctionnair's dont la morale
N'eût jamais à souffrir en rien,
Nous voulons bien. (*bis*)
Mais des dangereux émissaires
Qui dis'nt apporter les lumières,
Et mett'nt le feu du haut en bas,
Nous n'voulons pas, (*bis*)
Non, non, non, monsieur Paris, non, non, nous n'vou-
lons pas!

DEUXIÈME COUPLET.

En fait d'beaux arts et de génie,
Reconnaîtr' votr' suprématie
Et votre esprit tout parisien;
Nous voulons bien. (*bis*)
Mais de vos novateurs malades,
Et d' vos soldats de barricades,
Dev'nus des marquis de Carabas,
Nous n'voulons pas, (*bis*)
Non, non, non, monsieur Paris, non, non, nous n'vou-
lons pas.

TOUTES.

Non, non, non, monsieur Paris, nous n'voulons pas!

PARIS, *s'échauffant.* Ah! c'est comme ça!... parce que les provinces ont trente-quatre fois plus d'habitants que moi, qu'elles m'enrichissent, qu'elles me nourrissent, qu'elles sont la France enfin, elles voudraient me faire la loi, à moi, qui ai des boulevards et des bornes-fontaines!... Mais, ça n'a pas de nom... c'est de la révolte et Paris va vous faire rentrer dans le devoir.

LA GASCOGNE. Provinces, on vous opprime, on vous menace, on vous ruine; serrez vos rangs et marchons sur Paris!

TOUTES. Oui! oui!! oui!!!

Air : Gai, gai, mariez-vous.

Pour le bien du pays,
Allons, provinces de France,
Non plus de dépendance
Et crions: A bas Paris!
(Toutes se serrent l'une contre l'autre, et marchent sur Paris, qui recule épouvanté.)

TOUTES.
Pour le bien du pays, etc.

PARIS.
J'ai grand besoin d'aliment,
N' me mettez pas en sevrage.

LA GASCOGNE.
Plus tard, si vous êtes sage,
On vous donn'ra du nanan [1]).
TOUTES, *marchant sur Paris qui recule effrayé devant les menaces.*
Pour le bien du pays, etc.
(Les quatre Provinces de droite passent à gauche, Paris conserve le milieu.)

PARIS. Eh bien! oui, la guerre.... plus rien de commun entre Paris et les provinces... et, pour commencer les hostilités, je refuse de recevoir vos produits dans mon palais de l'industrie.

LA GASCOGNE. Tant mieux... chaque province aura son exposition particulière, et à moi seule je me charge d'offrir les plus mirobalans [2]) produits.

---

1) Naſchwerk, in der Kinderſprache.　2) ſtaunenerregend.

Air des Comédiens.

Aux beaux produits de la grande industrie
Je fournirai, je crois, ma large part,
Et l'on verra chez moi que le génie,
Marchant toujours, n'est jamais en retard.
J'ai découvert une encre qui s'efface
Quand elle sèche... ell' s'ra d'un grand secours.
A bien des gens qui redoutent la trace
D'leurs vieux serments et de leurs vieux discours
Pour éviter que le bourgeois se mouille,
Je lui fais don d'un fusil très-coquet,
Qui de lui-même et tout seul fait patrouille,
Et s' change en cann' quand le service est fait.
J'ai fait construire une sangsu' mécanique
Qui va se rendre, en rampant, à Paris;
Ell' pompera, par un effet magique,
Tout l' mauvais sang qu'on fait faire au pays;
J'expose encore un' maison cellulaire,
On met dedans un criminel affreux;
Par le moyen d'un r'ssort humanitaire,
Au bout d'une heure il devient vertueux!
Dans l'intérêt de l'amour qui chemine
Et qui n'veut pas dévoiler son secret,
J'ai fabriqué des stor's de citadines
Qui s'baisse't d'eux-mêm's, quand passe un indiscret.

TOUTES (*reprise*).

Aux beaux produits, etc.

PARIS. Ça s'ra du joli.

LA GASCOGNE. Les exposants seront enchantés.

PARIS. Oui, prenez garde qu'ils s'y exposent. (*On
entend un coup de cloche.*) Des exposants! Tenez
en voici!... Ils se dirigent sur Paris... ils font une
halte! ici... nous allons les consulter. (*Ritournelle.*)
Miséricorde, quelle est cette grande dame?... Eh!
mais je ne me trompe pas, c'est la mère Gigogne.

Scène III.

LES MÊMES, MAD. GIGOGNE.

PARIS.   Salut à madame Gigogne, s'il vous plaît!

Air de la Boulangère.

Je suis une fière beauté,
Aux puissantes mamelles;
Mais, en fait de postérité,
J'n'ai plus d'polichinelles.
Pour le bien du gouvernement,
Dans les temps où nous sommes,
A présent,
Je produits des grands hommes.

PARIS.

Dans le temps où nous sommes
Vraiment,
Nous manquons de grands hommes.

MAD. GIGOGNE.   Je viens devant vous exposer mes produits.

PARIS, *regardant autour de lui.* Où sont-ils?

MAD. GIGOGNE.   Dans mes flancs!

PARIS.   Et quel jour serez-vous à même de faire enregistrer?

MAD. GIGOGNE.   Tout de suite, citoyen. (*Criant.*) Ah! ah! ah!

PARIS, *effrayé.* Madame, je vous en prie! je ne tiens pas de sage-femme ici... ne publiez pas encore!...

MAD. GIGOGNE.   Ça presse... ça presse... ah! ah! ah! (*Musique à l'orchestre: des enfants s'échappent en tumulte de dessous la robe de Madame Gigogne. Ils sont vêtus démocratiquement avec moustaches et barbes; l'un d'eux est habillé en marquis avec poudre et talons rouges; ils dansent*

sur le côté, le petit marquis prend le devant de la
scène.)

PARIS ET LES PROVINCES.

CHŒUR.

Air de M. Clapisson.

Qu'ils sont petits,
Qu'ils sont gentils,
Ces p'tits
Chéris !
On parlera dans tout pays
De ces produits.

(La mère Gigogne sort.)

LE MARQUIS, *marchant avec orgueil.* Hein? quoi?
qu'est-ce? on se permet de me barrer le passage!
place... place! Retirez-vous!

Air: La bonne aveuture, ô gué.

Je suis un petit marquis,
Marquis démocrate,
Quoique votre égal, amis,
Je veux qu'on me flatte.
J'ai pas mal égratigné,
Mais je suis bien résigné
A me montrer indigné
De tout coup de patte.

PARIS. Ah! tu parais résigné à te montrer indigné
de tout coup de patte... *(S'inclinant très-bas.)* Cependant je ferai observer à monseigneur......

LE MARQUIS. Hein? quoi! des observations? *(A
ses amis.)* Citoyens, Paris murmure, mettons Paris
à la raison.

TOUS LES PETITS. Oui, oui!

CHŒUR.

Air: Vaudeville de la garde nationale.

Mirmidons, race féconde,

Mirmidons,
C'est nous qui commandons;
Le hasard livre le monde
Aux mirmidons.

(Sur la reprise, ils poursuivent Paris qui recule un instant devant eux avec effroi.)

PARIS, *s'arrêtant tout à coup.* Ah ça, mais je suis bien godiche [1])... me laisser un instant intimider par un tas de mioches [2]), mais ça n'a pas le sens commun! moi Paris!... Attendez, attendez, mes gaillards!

(Il s'empare d'une grosse poignée de verges.)

LES PETITS, *tombant à genoux, joignant les mains, et ôtant vivement leurs barbes.* Monsieur Paris! monsieur Paris!

PARIS, *saisissant un des petits, qu'il met sous son bras.* Ah! petits effrontés!

Air: Pan, pan, pan.
Vous vouliez me faire peur;
Mais enfin je me réveille,
Oui, malgré votre valeur,
Et vos grands airs de vainqueur,
Zon, zon, zon, zon, zon, zon, zon!
Le fouet, petit polisson!

(Il lui donne le fouet.)

A un autre!

TOUS LES PETITS, *s'enfuyant.* Sauve qui peut!

REPRISE.
Mirmidons, race, etc.

(Ils disparaissent.)

Scène IV.

PARIS, LES PROVINCES.

PARIS. Ouf! cette lutte m'a horriblement secoué!..

1) ungeschickt, einfältig. 2) kleine Kinder.

je crois que je vais me trouver mal! heureusement que j'ai sur mot un vinaigre qui emporte tout... *Le vinaigre des quatre communistes.*

Scène V.

PARIS, LES PROVINCES, FIRMAMENT.

FIRMAMENT, *poussant devant lui un énorme télescope sur pied à roulettes.*

Air: Au clair de ta lune.
Place de la Bourse,
Je fais voir au ciel
Petite et grande ourse...
Je dégomme [1]) Herschel!
Pour moi point de voiles,
Dans l' ciel éclairci,
J' vais voir des étoiles...
Même en plein midi.

Je me nomme Firmament, visible tous les soirs à l'œil nu... juste en face messieurs Susse et compagnie ... cinquième pavé à gauche...

PARIS. Oh! je vous ai souvent aperçu en sortant du Vaudeville... Je suis même un des abonnés de votre télescope! je ne puis pas me passer de regarder la lune, mon gars... Quand je la vois dans son plein, mon admiration va toujours en croissant... Ah! ça, vous venez pour exposer votre télescope, n'est-ce pas? mais, mon cher ami, c'est là une vieille invention!

FIRMAMENT. Erreur, citoyen Paris... Au moyen de nouveaux verres que j'ai adaptés à cet instrument, de quelque côté qu'on se place, on peut voir la France à vol d'oiseau!

1) ausstechen.

PARIS. Ah! diable! mon œil éprouve le plus grand besoin...

FIRMAMENT. Mettez votre œil sur ma lunette... Pardon, que je vous explique auparavant ce que c'est que mon nouveau télescope... Il vous dote d'une seconde vue, il rapproche les événements... par lui on peut voir ce qui se passera chez nous dans un, dans deux ou dans trois ans...

PARIS, *étonné.* Sacrebleu!

FIRMAMENT. Il est même rétrospectif... Voulez-vous voir la France comme elle était il y un an?

PARIS. Non, non!

FIRMAMENT. Je n'ai qu'à mettre ma lunette à ce cran...

PARIS. Mais non, qu'on vous dit...

Air de l'Apothicaire.

Aujourd'hui je ne veux, mon cher,
Voir que des choses agréables...
Si vous me proposez l'enfer,
Je vous envoie à tous les diables!
De votre programme, oui-dà,
Rayez ces offres lunatiques,
Car, pour revoir ce passé-là,
Vous n'auriez que d' mauvais's pratiques.

FIRMAMENT, *allongeant le télescope.* Voulez-vous voir le présent?

PARIS. C'est un peu mieux, j'en conviens, mais j'espère plus de l'avenir...

FIRMAMENT, *arrangeant la lunette.* Vous allez voir la France comme elle sera dans un an... voilà!...

PARIS, *regardant dans le télescope.* Tiens, tiens!.. Oh! c'est singulier!

Air : De sommeiller encor, ma chère.

Ah! que vois-je! quelle est ma joie.

Tout a marché de mieux en mieux;
Tout s'éclaircit et se nettoie,
Tout est plus net et plus propre à mes yeux;
Nos vœux enfin Dieu les exauce,
On assainit nos cités, nos palais,
Et je vois une grande hausse,
Dans les épong's et les balais.

FIRMAMENT, *allongeant le télescope et le tournant du côté opposé.* Un cran de plus... La France dans deux ans!

PARIS, *regardant.* Ah! grand Dieu! est-ce possible!

Même Air.

Ciel! quel tableau! suis-je en délire?...
Ah! quel bonheur!

FIRMAMENT.
Que voyez-vous?...
Parlez!

PARIS.
Je n'ose pas le dire...
Les bons Français s'embrassent tous.

FIRMAMENT.
Mais pourquoi donc?

PARIS.
On illumine
Dans les caban's, les maisons, les palais!

FIRMAMENT.
Mais dites-nous...

PARIS.
Que votre esprit devine...
Je ne veux pas qu'on me fasse un procès.
Monsieur, je reçois votre télescope à œil et à bras ouverts... Courez le faire inscrire dans le catalogue de l'exposition nationale... de Castelnaudary! *(Les*

Provinces entourent Firmament en le priant de les choisir.)

FIRMAMENT. Plaisanterie, monsieur ; il n'y a qu'un Paris, un seul Paris! *(ritournelle)* et j'y cours!

(Il sort.)

Scène VI.
PARIS, Les PROVINCES, M. TRAQUENARD.

TRAQUENARD, *suivi d'un domestique qui porte ses inventions.*

Air : Alerte ! etc.
J'invente! *(bis.)*
Le génie est dans mon cerveau!
J'invente !
J'enfante,
J'veux du nouveau!
Si nous n'avions pas l'Amérique,
Le caoutchou, la République,
L'égalité, la liberté...
Et la flanelle de santé...
J'aurais tout inventé !
J'invente, etc.

PARIS. Qui êtes vous, monsieur?

TRAQUENARD. Je me nomme Traquenard, inventeur d'une foule de petits mécanismes utiles à la société ! *(Montrant un petit modèle de jeu de bagues.)*

LA GASCOGNE. Tiens! un jeu de bagues!

PARIS. Ça y ressemble; mais ce n'est pas tout à fait la même chose. *(Le faisant aller.)* Voyez, regardez... ceux qui tournent croient attraper des places et des positions... mais ils sont attrapés... ça s'appelle le jeu de blagues... Un brevet d'invention a été pris le 24 février...

TRAQUENARD, *montrant une feuille de carton avec des dessins dessus.* Voici un nouveau jeu!

LA GASCOGNE. Un nouveau jeu? mais c'est l'antique jeu de l'oie...

PARIS, *qui a examiné le jeu.* Oui; mais les dessins sont changés... dans l'ancien noble jeu de l'oie, au dix-neuf, pan! on tombait dans le puits; maintenant, au dix-neuf, pan! on tombe dans le socialisme... c'est toujours le jeu de l'oie!

LA GASCOGNE, *tirant un énorme cigare du panier que porte le domestique de Traquenard.* Tiens! on dirait la cheminée d'un bateau à vapeur!

TRAQUENARD. Non pas, c'est un nouveau cigare... remarquez l'énorme quantité de pailles attachées à ce Havane de Strasbourg... c'est le cigare phalanstérien... Quand la communauté sera générale, quand l'ancienne société sera détruite, on s'asseoira au rond et on fumera en commun. (*Tirant un corset du panier.*) Je fabrique aussi des corsets humanitaires. Voyez monsieur, comme c'est souple, flexible; ces corsets-là font tout valoir...

PARIS. Avec eux, rien n'est perdu... ils compriment les forts, soutiennent les faibles et ramènent les égarés...

TRAQUENARD. Je suis encore inventeur de plusieurs mécanismes pour débarrasser la société des animaux rongeurs qui l'attaquent.

PARIS. Diable! vous devez avoir de la besogne!

TRAQUENARD. Oui, ça donne... le beau sol de ma patrie fourmille aujourd'hui d'insectes et de bêtes très-désagréables... nous en serions inondés, si l'Allemagne, et l'Italie ne nous avaient pas rendu le service d'en prendre une partie... aussi, j'attaque et saisis au collet les charençons[1]), les chenilles, les guêpes et les frelons[2]), les frelons surtout... voilà ma bête noire!

1) Kornwurm.   2) Horniſſe; boshafter Schriftſteller.

Air : Connaissez mieux le grand Eugène.

Auprès de la ruche où l'abeille
Distille son excellent miel,
Un méchant frelon toujours veille
Afin de répandre son fiel. *(bis.)*
Envieux, ne sachant rien faire,
Pour le mal il peut tout oser.
Ah ! pour sauver la ruche entière,
N'hésitons pas à l'écraser,
Il est bien temps de l'écraser.

Et j'ai pour cela une machine... *(Tapant dans ses mains.)* V'lan ! c'est fait !

PARIS. C'est prompt comme l'électricité !

TRAQUENARD. L'électricité ! Monsieur, je lui ai donné aussi une nouvelle destination... je l'applique à la politique !

PARIS. Bah !

TRAQUENARD. Sublime ! c'est merveilleux pour enlever les votes par assis et levé !

Air : Du baiser au porteur.

C'est une coutume à la Chambre,
Parfois, on vote en se levant ;
Or, j'électrise chaque membre,
Par un conduit percé secrètement,
Qui va le trouver sous son banc ;
Le député que l'on consulte,
Saisit bien mieux le signal d'approuver ;
Car il reçoit une étincelle occulte
Qui l'avertit de se lever.

PARIS. Bravo ! de mieux en mieux ! Courez vous faire inscrire sur le catalogue des produits de l'industrie ; mais, pas à Paris... vous avez le choix entre Brives-la-Gaillarde ou Quimper-Corentin...

TRAQUENARD. Dérision, folie ! il n'y a que Paris et j'y cours !

REPRISE.
J'invente, etc.

Scène VII.
PARIS, Les PROVINCES.

PARIS. Vous voyez, mesdames, les exposants ne veulent que de Paris... et ils ont raison... il faut à l'industrie un centre, un foyer commun... il vous faut un vaste estomac pour avaler vos produits... c'est moi, Paris, qui suis votre estomac...

LA GASCOGNE. Et, en ce moment, il doit battre le rappel.

PARIS. J'ai une faim horrible; je dois être tout pâle!

LA GASCOGNE. Ça vaut mieux que d'être rouge.

PARIS. Ne parlons pas politique!

LA GASCOGNE. Allons, nous voulons bien, comme à l'ordinaire, vous nourrir; mais voici nos conditions: Dorénavant, vous serez moins tapageur et moins gamin...

PARIS. Convenu!

LA GASCOGNE. Vous voudrez bien compter les provinces pour quelque chose.

PARIS. Entendu!...

LA GASCOGNE. Vous ne renverserez plus rien sans nous consulter.

PARIS. Accordé! Vous m'avez guéri, et, si jamais il me reprend l'idée de faire des bêtises, je promets que nous les ferons ensemble...

LA GASCOGNE. C'est le moyen de n'en plus faire...

PARIS, *ouvrant la porte de l'auberge.* Allons, vite ici la table! (*Revenant en scène.*) Dieu! que je vais manger! Il est écrit que les provinces sauveront Paris! (*Deux garçons apportent une table toute servie.*)

TOUTES. A table! *(Elles se mettent à table; Paris occupe le milieu et leur verse à boire pendant le chant.)*

PARIS.

Air : Verse, verse le vin de France.

Oublions un moment d'erreur,
Entre nous l'union doit renaître;
Paris est un consommateur,
Mais pour vous ce n'est plus un maître;
   Plus de maître!
En un seul fondons les partis,
Le mauvais esprit qu'on l'évince!
Paris pour le bien du pays,
Sans se donner des airs de prince,
Doit marcher avec la province.

(Se levant le verre à la main.)
Je porte un toast à la province!

TOUTES, *se levant.*
Nous portons un toast à Paris!
(Paris trinque avec les Provinces. — Le rideau baisse.)

ACTE SECOND.

LA RÉPUBLIQUE DES POISSONS.

(Le fond de la Seine.—Rochers à droite et à gauche. — Stalactites. — Herbes marines. — Décoration excentrique.)

Scène I.

LA SEINE, LA MARNE, L'OISE.

(Au lever du rideau, la Seine paraît au fond, la Marne à droite et l'Oise à gauche. Elles s'aperçoivent et toutes trois se réunissent au milieu du théâtre en se donnant la main.)

ENSEMBLE.

Air des Fileuses.

La Marne, la Seine et l'Oise
En ces lieux viennent tous les jours,
Sans jamais se chercher noise [1])
De leurs eaux mêler le cours.

LA SEINE. Bonjour, mes sœurs; bonjour, l'Oise; bonjour, la Marne... vous venez, comme d'habitude, m'apporter le tribut de vos ondes... merci!... Ah! ça, je ne vois pas la Bièvre... J'attendais aussi, aujourd'hui, la rivière d'Hières...

L'OISE. Madame la Seine pourrait se passer d'elles.

LA SEINE. Les petits ruisseaux font les grandes rivières.

LA MARNE. Oh! vous êtes si riche!

LA SEINE.

Air du pays de Cocagne.

Oui, je suis la Seine,　　Qui gaiement promène
Voilà votre reine　　Ses eaux dans Paris,

1) Händel suchen.

Et plus loin mon onde,
Courante et profonde,
Chaque jour, féconde
De riches pays.
Dans la patrie,
Plus d'anarchie,
Qu'on se rallie,
Plus de guerre enfin!
Que mes deux rives,
Quoiqu'un peu vives,

En gais convives,
Se donnent la main.
Je suis très-gentille,
Fort honnête fille,
Et ma vertu brille,
Aucun n'en médit,
Et pourtant la Seine,
Sans craindre une scène,
Accueille sans gêne
Chacun dans son lit.

(On entend une ritournelle.)

LA SEINE, *regardant en l'air.* Eh! bon Dieu! qui nous arrive là?

(Une grosse cloche à plongeur [1]*) paraît et va se poser au milieu du théâtre.)*

CHŒUR.

Air : Vive la Fermière (Philtre Champenois.)

Quelle est cette cloche,
Qui vient nous tomber ici?
Dans ce nouveau coche
Qui voyage ainsi?

Scène II.

LES MÊMES, PARIS.

PARIS, *ouvrant une petite lucarne pratiquée dans la cloche et passant la tête.* Le fond de la rivière, s'il vous plaît?

LA SEINE. C'est ici, monsieur.

PARIS. Bien obligé! *(Il referme la lucarne, puis il ouvre une petite porte pratiquée dans la cloche et en sort. La cloche remonte et disparaît.)* J'entre

---

1) Taucherglocke.

en Seine. (*A la cloche.*) Eh! dites donc... je vous ai prise à l'heure, n'oubliez pas de venir me rechercher...

LA SEINE. Mais c'est monsieur Paris.

PARIS. Tiens, mademoiselle la Seine!

LA SEINE. Par quel prodige, pouvez-vous, comme nous, rester sous l'eau?

PARIS. Par suite d'une invention nouvelle; d'ailleurs, j'ingurgiterais par-ci par-là quelques gorgées... Bah! j'y suis habitué maintenant... On m'en fait tant avaler depuis quelque temps!

LA SEINE. Et que venez-vous faire chez moi, mon cher Paris?

PARIS. Voilà! je suis en pleine exposition quinquennale; or donc, je viens voir dans votre humide empire s'il n'y a pas quelques excentricités à rapporter sur terre.

LA SEINE. Vous ne pouvez pas mieux vous adresser.

PARIS. Qu'est-ce qu'on invente aujourd'hui? On fait revenir sur l'eau tout ce qui était tombé dans l'eau.

LA SEINE. Et vous venez repêcher quelques nouveautés; mais c'est qu'on nous a beaucoup pris depuis un an.

> *Air :* Quand nous y vivions ensemble.
>
> On vient r'pêcher à la ronde
> Tout ce qui tombe dans l'eau,
> Et le vieux, dans votre monde,
> Passe encor pour du nouveau.
>
> Ces inventeurs pleins d' génie,
> Qui n'inventent jamais rien,
> Pour l'honneur de la patrie,
> Ont r'pêché l' bonnet phrygien.

Un beau jour, à la sourdine,
Croyant vous donner du neuf,
Ils ont r'pêché la doctrine
De ce bon monsieur Babœuf.

Tout en prônant leur faconde,
Ces messieurs n'ont jamais pu
Repêcher de la Gironde,
Le talent et la vertu.

Enfin ces pêcheurs modèles,
Pêchant sans être empêchés,
N'ont, en fait d' choses nouvelles,
Repêché que d' vieux péchés.

Ce parti, que rien n'apaise,
Voulait par le mal conduit,
Repêcher quatre-vingt-treize,
En mil huit cent quarante-huit!

Ils avaient tendu leur ligne,
Ils avaient bien amorcé,
Ça mordait... bonheur insigne!
Leur hameçon s'est cassé.

PARIS. Je serai peut-être plus heureux que ces messieurs, et si vous m'aidez dans mes recherches...

LA SEINE. Volontiers... En fait de choses tombées dans la rivière, nous avons encore de quoi vous satisfaire. Oise, puisez dans ce trou.
(L'Oise plonge le bras dans la cavité d'un rocher et rapporte une liasse de papiers.)
PARIS. Qu'est-ce que c'est que ça?
LA SEINE, *lisant.* »Décret sur le travail.«
PARIS. On l'a trop travaillé.
LA SEINE. »Décret sur les caniches.«
PARIS. Il a trop fait aboyer.

LA SEINE. „Décret qui supprime la noblesse.«
PARIS. Renfoncez-moi ça !

Air : Et voilà comme tout s'arrange.
Pourquoi déshériter l'enfant
Du titre qu'honorait son père ?
D'un grand nom porté noblement,
La France doit se montrer fière.
Remportez vite ce décret,
Tout au fond de l'eau qu'on le lsisse ;
Car on dirait, s'il remontait,
De la République on a fait
Un gouvernement sans noblesse.

LA SEINE, *lisant.* „Décret qui supprime l'inamovi-
bilité de la magistrature.«
PARIS. Au trou! au trou!

Air : Un page aimait la jeune Adèle.
Laissez sa vieille indépendance
A la toge du magistrat ;
Que jamais aucune puissance
Ne l'arrache à son noble état.
De l'honneur indignes transfuges,
Et de tout respect dégagés,
Vous vouliez remplacer nos juges
Par les gens qu'ils avaient jugés.

(S'emparant des papiers.) Je me répète : au trou!
au trou! tous ces vilains décrets.
*(Il va les jeter dans le trou opposé dont il regarde
le fond.)*
LA SEINE, *regardant aussi dans le trou.* Voyez,
choisissez, monsieur Paris.
PARIS, *tirant une petite planchette sur laquelle
est placée une maisonnette entourée d'arbres.* Bon
Dieu! qu'est-ce que c'est que ça ? un joujou.

LA SEINE. Lisez l'étiquette.

PARIS, *lisant.* „Modèle de phalanstère...« Ah! j'y suis...

       Air: J'ai du bon tabac.

Mon beau discoureur, pour mettre en pratique
Votr' systèm' qui doit donner l'age d'or,
Prenez pour modèle, au sein d' l'Amérique,
    Un' famille antique,
     Celle du castor.
Il agit phalanstèrement,
Mais pour construir' son logement,
Et pour y fonder une République,
Il n' demande rien au gouvernement.

A autre chose. (*Regardant au fond.*) Hein! que vois-je là? Des barricades, un drapeau rouge!.. (*Il montre un drapeau rouge qu'il vient de tirer du trou.*)

      Air: Aux braves hussards du cinquième.

C'est le signal de la révolte impie,
Des mauvais temps il est le précurseur;
C'est l'étendard de la triste anarchie;
Déshérité de gloire et de splendeur,
Dans tous ses plis il cache la terreur.
   Armant un frère contre un frère,
Sa couleur vient tout soulever.
Ah! qu'il demeure au fond de la rivière,
   Il a besoin de se laver,
    Oui, grand besoin de se laver.

GARDON, *dans la coulisse.* Au secours! au secours!

PARIS. Qu'est-ce que c'est que ça?

Scène III.

Les Mêmes, GARDON.

GARDON, *entrant.* Au secours! au secours! (*Apercevant la Seine.*) Ah! vous voilà, madame!

PARIS. Quel est ce poisson?

LA SEINE. Mais c'est Gardon [1])!

GARDON. Oui, Gardon, bien nommé; car je ne donne pas dans toutes les idées saugrenues... je veux garder, conserver, je suis conservateur... je suis Gardon! (*A la Seine.*) Figurez-vous, madame, que tout à l'heure j'étais tranquillement chez moi sous une souche de l'île Saint-Louis... car j'habite le marais,... je lisais le bulletin de la bourse... l'ascension des fonds publics m'épanouissait... tout à coup un grand bruit frappe mes ouïes, je mets en tremblant le nez à la fenêtre, et je vois passer le ban et l'arrière-ban de poissons étrangers à la Seine...

LA SEINE. Vite, vite! comme fleuve, mettez-moi au courant...

GARDON. Ils criaient tous; vive la démoc!

PARIS. Vive la démoc... soc... et pac?

GARDON. Je ne sais pas; mais ils criaient tous: vive la démoc!... Je nage dans une très-grande perplexité...

LA SEINE. Eh bien?

GARDON. Ce sont les délégués des poissons de mer et des ruisseaux qui viennent fraterniser, et proclamer la République écarlate!

PARIS. Où allaient-ils?

GARDON. Au club central... j'ai donné un coup de queue jusque-là...

LA SEINE. Et qui s'est mis à la tête de ce mouvement insurrectionnel?

____
1) das Rothauge.

GARDON. Les rougets et les poissons rouges... je les ai vite quittés, car, Dieu merci! je ne nage pas dans les mêmes eaux qu'eux... je suis Gardon!

LA SEINE. Ah! si les poissons rouges s'en mêlent, nous sommes des fleuves coulés! (*On entend un murmure lointain. — Ritournelle à l'orchestre de l'air suivant.*)

GARDON. Les voici! les voici qui se dirigent de ce côté!

LA SEINE, *à Paris.* Venez dans ma grotte nous concerter...

PARIS. Oui, il faut vous gendarmer contre cette invasion de rougets!...

Air: A boire, à boire! (Potier.)
Pour faire une opposition
A cet esprit de faction,
Employez-le contre-poison,
Non...
Employez le contre-poisson. (*Bis.*)
RÉPRISE ENSEMBLE.
Chez nous plus de sédition,
Et plus de révolution.
Mes amis, contre le poison
Employons le contre-poisson. (*Bis.*)

(*Ils sortent. Gardon se retire à l'écart. Musique à l'orchestre. Rouget paraît et, de tous côtés, entre une multitude de Poissons rouges et autres.*)

Scène IV.

GARDON, ROUGET, BROCHET, L'ÉCREVISSE, LA SOLE, LA RAIE, POISSONS ROUGES, POISSONS PLATS.

CHŒUR.

Air: Que le vin pleuve dans Paris.
Que tout soit changé,

Dérangé !
La Seine
Est notr' domaine.
Exigeons,
Prenons,
Avalons,
A notre tour, nous deviendrons
Ronds !
ROUGET.
Pour assurer désormais
Le succès
D' nos projets,
Tâchons que l'eau soit trouble;
Nous avons tous, mes amis,
De fort grands appétits,
Et nous mangerons double.
REPRISE ENSEMBLE.
Que tout soit changé, etc.

ROUGET. Poissons rouges et poissons plats, nos alliés... emparons-nous de la Seine, nous y trouverons de quoi faire... il est temps de jouir sans rien faire !

BROCHET. Il est temps de faire cesser l'exploitation du poisson par le poisson !

TOUS. Oui ! oui ! oui !

ROUGET. Ne pataugeons [1]) pas... en ce moment, frères, il n'est question que d'une séance préparatoire ... Demain, nous irons pacifiquement nous établir au Conservatoire des Arts et Métiers... c'est à dire des arts émeutiers !

GARDON, *s'avançant*. Pourquoi au Conservatoire ?

ROUGET. Parce que nous sommes des conservateurs ... Maintenant formons le pouvoir... Je me nomme dictateur... à mort !... Qui sera ministre de la justice expéditive ?

1) im Schlamm patschen.

TOUS. Moi! moi!

ROUGET. Doucement! il faut prendre celui qui a le plus de capacité.

BROCHET. Alors ce sera moi, Brochet... j'ai le plus de capacité... dans l'estomac...

> *Air :* J'ai vu le Parnasse des dames.
>
> J' aval'rais, le fait est notoire.
> Ce que nul n'os'rait dévorer...
> Jusqu'aux comptes du Provisoire,
> Je m' fais fort de les digérer!
> D'être un dévorant je me pique,
> Et je pourrais, en vérité,
> Avaler mêm' la République!

GARDON.
Ça n' prouv' pas votr' capacité.

ROUGET. Maintenant, il nous faut un inspecteur général des arbres de la liberté.

L'ÉCREVISSE, *reculant.* Je m'avance.

ROUGET. Et vous avez le front, Écrevisse, de vous présenter devant des poissons qui nagent vers le progrès!... vous qui allez toujours en arrière!

GARDON. Pardon! vous vous embourbez, citoyen dictateur... l'Écrevisse est des vôtres... vous n'êtes que des écrevisses.

> *Air* de Marianne.
>
> Votre parti croit qu'il progresse,
> Et pourtant il n'avance en rien;
> On le voit s'agiter sans cesse
> Pour ne revenir qu'à l'ancien.
> Sans rien entendre,
> Il veut nous rendre
> L'affreux bonnet que le sang colora;
> Et son idole
> La Carmagnole,

Toujours unie au triste Ça ira!
Chacun d' vous, pauvre plagiaire,
Croit inventer, mais franchement,
En pensant marcher en avant,
Vous marchez en arrière.

ROUGET. Je proclame l'Écrevisse inspecteur général... Roulez-moi un morceau de rocher! A propos, je ne vois pas le citoyen Homard, délégué des Musulmans.

BROCHET. Il aura sans doute été arrêté par ce réactionnaire de Chevet [1])!

ROUGET. N'importe, la séance est ouverte. (*Il s'assied; le Brochet et l'Écrevisse prennent place à côté de lui.*) Écoutez! je vais vous lire ma nouvelle constitution. *Article* 1er. Les Dauphins sont mis hors la loi. *Article.* 2. La magistrature est supprimée... Dorénavant, tous les délits sont jugés par une douzaines d'huîtres... la raie [2]) sera présidente.

GARDON. De cette façon tout criminel pourra dire *la raie* condamne.

ROUGET. *Article* 3. L'impôt du sel est supprimé!

GARDON. Ah! voilà une bêtise! Du moment que le sel sera à meilleur marché, on vous salera bien davantage.

ROUGET. *Article* 4. Le suffrage étant universel, c'est la majorité qui fera la loi... Néanmoins il sera permis aux minorités de ne pas s'y soumettre.

BROCHET, *avec enthousiasme.* Adopté à l'unanimité!...

TOUS, *avec délire.* A l'unanimité!...

BROCHET. Maintenant que la forme du gouvernement est définitivement adoptée, prenons les bonnes places! il y a longtemps que je n'ai rien pris.

1) Beſitzer einer Delicateſſenhandlung. 2) Der Rochen, auch Strich.

ROUGET. Le Marsouin[1]) prendra l'intérieur, le Mulet[2]) fera nos remontes, l'Escargot[3]) aura les affaires étrangères... la Tortue le ministère du progrès, et, pour directeur de la musique, prenons le Thon.

BROCHET. Moi tout décidément je happe le ministère des finances... et je donne la caisse centrale à la grenouille.

GARDON, *d'un air goguenard.* Oui, pour avoir toujours la main sur la grenouille.

BROCHET. Et, comme ministre des finances, je détruis le grand livre...

GARDON, *épouvanté.* Hein? quoi... le cinq pour cent.

ROUGET *et les autres.* Détruit! détruit!

GARDON. Mais j'en ai moi du cinq pour cent.

ROUGET. Il n'est pas à vous... puisque c'est du cinq pour cent; ça ne doit pas être du cinq... pour vous tout seul... A bas le grand livre!

TOUT. A bas le grand livre! à bas Gardon!

GARDON. Ah! c'est comme ça! eh bien, je vais chercher mes auxiliaires! les poissons guerriers, l'Espadon[4]) et l'Épée.

ROUGET. Les poissons guerriers sont à nous! nous les avons invités à *la Poissonnerie pacifique,* et nous leur avons fait manger du veau marin.

BROCHET. Ils ont crié vive la communauté!

GARDON.

Air: Mon colonel, tu dois être content!
Mais nos soldats ont une autre manière
D'interpréter ce mot trop répété,
Et de la vôtre on sait qu'elle diffère,
Car le devoir que l'honneur a dicté,
Par eux jamais ne sera déserté...

1) Meerschwein. 2) Seebarbe. 3) Schnecke. 4) Schwerdtfisch.

Franche union, intacte renommée,
Gloire, travail et sage liberté,
Oui, j'en réponds, voilà ce que l'armée
Voudra toujours mettre en communauté!
(*Gardon sort vivement.*)

Scène V.

LES MÊMES, *excepté* GARDON.

ROUGET. Diable! s'il a raison nous ne serons pas en force pour tenter le grand coup... la carpe, le barbillon, la tanche, la perche, le goujon et l'ablette [1] ne font pas encore cause commune avec nous. Dépêchons-nous de les pêcher... Prenons des lignes. (*Les poissons vont prendre des lignes placées à gauche derrière les rochers.*)

BROCHET. Mais nous n'avons pas d'amorces.

ROUGET. J'en ai toujours sur moi d'excellentes. (*Tirant quelques petits papiers de sa poche, et les lisant au fur et à mesure qu'il les distribue.*) Droit au travail... Abolition des impôts... Gouvernement à bon marché... Amorcez avec ça, et vous piquerez le goujon!

Air du Zéphir.

Poissons,	Bientôt nous verrons
Amorçons,	Nos bouchons
Et tendons	Longs,
Nos ham'çons,	Ou ronds
Nous prendrons	S'enfoncer... nous tiendrons,
Carpillons,	
Barbillons	Nous prendrons
Et goujons!	Les gloutons!

[1] Weißfiſch.

REPRISE.

Poissons, etc.

(A ce moment, tous sont placés et paraissent pê-
cher; le bout des lignes se perd dans les coulis-
ses.)

ROUGET, *tenant sa ligne.*

Je crois que ça mord!
(A Brochet.)
Et vous?

BROCHET.

Moi, pas encor...

ROUGET.

Les gaillards sont retors!

BROCHET.

Allons, doublons d'efforts!

ROUGET, *avec joie.*

Voilà que ça vient!

BROCHET.

Ça va bien! ça va bien!

ROUGET.

Cette fois, je le tien!

LES POISSONS.

Je tiens aussi le mien:

Tirons,	Pêchons,
Ramenons	Dépêchons,
Nos ham'çons;	Détachons,
Nous ayons	Décrochons
Nous prenons	Embauchons,
Carpillons,	Alléchons
Barbillons	Ces poissons
Et goujons!	Si gloutons!

(Ils tirent leurs lignes et ramènent, pris par les
hameçons, Paris, un bourgeois et un ouvrier.)

Scène VI.

LES MÊMES, PARIS, BOURGEOIS, OUVRIERS.

LES HOMMES, *criant.* Ah!

LES POISSONS. Qu'est-ce que c'est que ça?

Air :

Ah! ah! ah! ah! ah! ah! ah! ah!
   Qu'avons-nous pris là?
   Quell' pêch' curieuse,
   Miraculeuse!
Ah! ah! ah! ah! ah! ah! ah! ah!
   Ah! qui nous dira
Les noms d'ces nouveaux poissons-là?

PARIS.

Pauvres dupes que nous sommes,
Mordre à de tels hameçons!

ROUGET, *riant.*

Nous voulions prendr' des goujons...
Et nous avons pris des hommes!

REPRISE DU CHŒUR.

Ah! ah! ah! ah! ah! ah! ah! ah!
   Qu'avons nous pris là?
   Qu'ell' pêch' curieuse,
   Miraculeuse!
Ah! ah! ah! ah! ah! ah! ah! ah!
   Des hommes, oui-dà,
Mordent à ces hameçons-là!

PARIS. Citoyens poissons, je vous en supplie, dés-hameçonnez-moi... Dire que moi, Paris, civilisé, éclairé... au gaz... j'ai mordu au gouvernement à bon marché, ça me coûtera cher.

UN BOURGEOIS. J'ai mordu à l'abolition de l'impôt.

UN OUVRIER. Et moi aux conférences du Luxembourg.

PARIS. Nous laisser prendre à de tels appâts! Mais j'avais donc perdu la raison?

Scène VII.

LES MÊMES, LA RAISON, LA SEINE, LA CARPE,
FOULE DE POISSONS DIFFÉRENTS.

LA RAISON. La Raison, qui l'appelle?
PARIS. Ah! mon Dieu! seriez-vous?...

LA RAISON.

Air: Vos maris du Palestine.

Longtemps j'habitai la France,
Où j'étais en grand honneur;
Mais dans des jours de démence
Je vis tomber ma faveur,
Je partis avec douleur!
A peine, là-haut sur terre,
On se rappelle mon nom!

LA SEINE.
De grâce! dites votre nom!

LA RAISON.
Je suis presqu'une étrangère...
On me nomme la raison.

PARIS. Ah! vous serez la bien accueillie, madame la Raison... il y a longtemps que nous sommes privés de vous.

LA RAISON. Je viens d'un long voyage; j'ai voulu porter la lumière dans bien des pays.

GARDON. Et partout on a mis l'éteignoir dessus, n'est-ce pas?

LA RAISON. Oh! mon Dieu! oui... j'ai été obligée de prendre mon vol vers l'Amérique.

PARIS. C'est ce qu'on appelle un vol *à l'Américaine.*

LA RAISON.   Là, j'ai pu respirer librement!   Mes braves Américains !

Air de la Colonne.

Entre eux et vous, Dieu ! quelle différence !
N'ont-ils pas su garder le beau côté ?
    Leur République, à sa naissance,
A mieux compris la sainte liberté
Qui sert de base à la prospérité.
    Ils avaient chez eux des sauvages
        Qu'ils ont bientôt civilisés ;
Ici l'on voit des gens civilisés
    Qui veulent devenir sauvages !

LA SEINE.   Mais vous auriez pu vivre heureuse sur les bords du Mississipi !...

LA RAISON. Oui, mais un instinct secret m'a ramenée vers la France... Quelque chose me disait, que, d'un jour à l'autre, elle reviendrait à moi.

Air : Valse de Giselle.

Cherchant le mieux, l'homme trouva le pire ;
J'attends ici l'instant où la raison
Triomphera, quand l'excès du délire
Amènera pour tous la guérison.
J'ai, chaque jour, compté bien des folies
Et sous les traits d'avides mécontents,
J'ai vu tomber de vieilles tyrannies,
Pour faire place à de nouveaux tyrans !
Pour s'appuyer sur un fort patronage,
L'ambitieux dit : Peuple, lève-toi !
Quand il est maître, il change de langage,
Et dit alors : Peuple, courbe sous moi !
Des novateurs, dans leur monomanie,
Veulent parquer les hommes en troupeaux,
Et transformer la France en bergerie...
A condition qu'ils tondront les agneaux.

Confondant tout, l'aumône et le salaire,
Du paresseux, d'autres se font l'appui;
Ils ont créé le droit de ne rien faire,
Afin d'pouvoir en profiter aussi!
Chefs et soldats, vont sur un' ligne égale;
Grâce au progrès, cavalier, fantassin,
N'rêv'nt plus qu'un' guerr'... la guerre électorale
Et qu'un assaut... mais l'assaut du scrutin.
Avec l'erreur faisons enfin divorce!
Entre tes mains, France, est ta guérison,
La raison vient pour te prêter sa force...
Mais prête aussi ta force à la raison.
Mais, je l'entends, la France s'est émue!
Pour s'affranchir d'un avenir cruel,
Elle fera tair' les voix de la rue
Pour écouter les saintes voix du ciel!
Elle flétrit le fiel et la rancune
Des émeutiers, violents législateurs;
La France, enfin, appelle à sa tribune
Des orateurs... non des conspirateurs!

PARIS, *montrant les Poissons rouges.* Qu'est-ce que nous allons faire de ces gaillards-là? Oh! une idée... je vais les envoyer à l'exposition des Champs-Élysées, comme un produit de l'industrie politique de 1849.

LA RAISON. L'industrie! mais vit-elle encore chez vous?

PARIS. Tenez, vous allez en juger.
    (*Musique. — Le théâtre change.*)

ACTE TROISIÈME.
LE PALAIS DE L'INDUSTRIE.

Le théâtre représente l'entrée du Palais de l'Exposition.

TOUS LES ACTEURS DE LA PIÈCE, Foule d'Exposants.

(Les principaux personnages de la pièce prennent le devant de la scène, la Raison au milieu, Paris à gauche et la Seine à droite.)

CHŒUR GÉNÉRAL.

Air : Vive, vive l'Italie! (Dilettante.)

Vive, vive l'industrie!
Les gloires de la Patrie!
Que l'étranger nous envie
Vont s'offrir à nos regards...
Bijoux, tissus, mécanique,
Viennent prouver sans réplique
Que, malgré la République,
Paris est le roi des arts!

VAUDEVILLE.

Air : De Paris à Pékin.

L'ÉCREVISSE.

Vous violez la Constitution!
Voilà leur cri de guerre...
Eux, chaque jour, ils viol'nt la raison...
Et surtout la grammaire

LA GASCOGNE.

Ceux qui nous prêchent l'égalité
Font pour eux bonn' mesure...

Et du lit de la fraternité
Prenn'nt tout' la couverture...
LE BROCHET.

Pousser des cris de sédition,
S'armer d'sabre et de pique...
Ça se nomme un' démonstration
Sociale et pacifique...
FIRMAMENT.

Ces gens qui ne sav'nt que dépaver,
N' devaient pas, c'est notoire,
Puisqu'ils ne veulent rien conserver,
Prendr' le Conservatoire.
LA RAISON.

On va, par un nouvel instrument,
Aplanir la campagne...
Tout sera niv'lé, par conséquent,
Nous n'aurons plus d' montagne!
GARDON.

Un' beau tribun voulant tout soul'ver
Disait: „V'là l'heur' suprême...
Oh! mon pays, je vais te sauver!...“
Il s'est sauvé lui-même.
LA SEINE.

Deux grands fléaux pesaient sur Paris:
La peste et la licence;
Mais tous les deux sont enfin partis...
Dieu protége la France!
ROUGET.

Voir des sergents pour représentants,
Ça n' m'échauff' pas la bile...
Je compte beaucoup sur les sergents;
Mais sur les sergents d' ville!
PARIS.

Ils n' pourront plus chanter, c'est certain:
Mourir pour la patrie!

Ils ont choisi cet autre refrain:
Courir pour la patrie!

LA RAISON, *au public.*

Messieurs, contre les mauvais Français
Poursuivons nos attaques...
Ceux qui nous enverraient des sifflets
Seraient les vrais Cosaques!

REPRISE DU CHŒUR.

Air :

Vive, vive l'industrie! etc.

Imprimerie de Velhagen & Klasing à Bielefeld.

CONTENU

DES PRÉCÉDENTES LIVRAISONS DU THÉATRE FRANÇAIS.

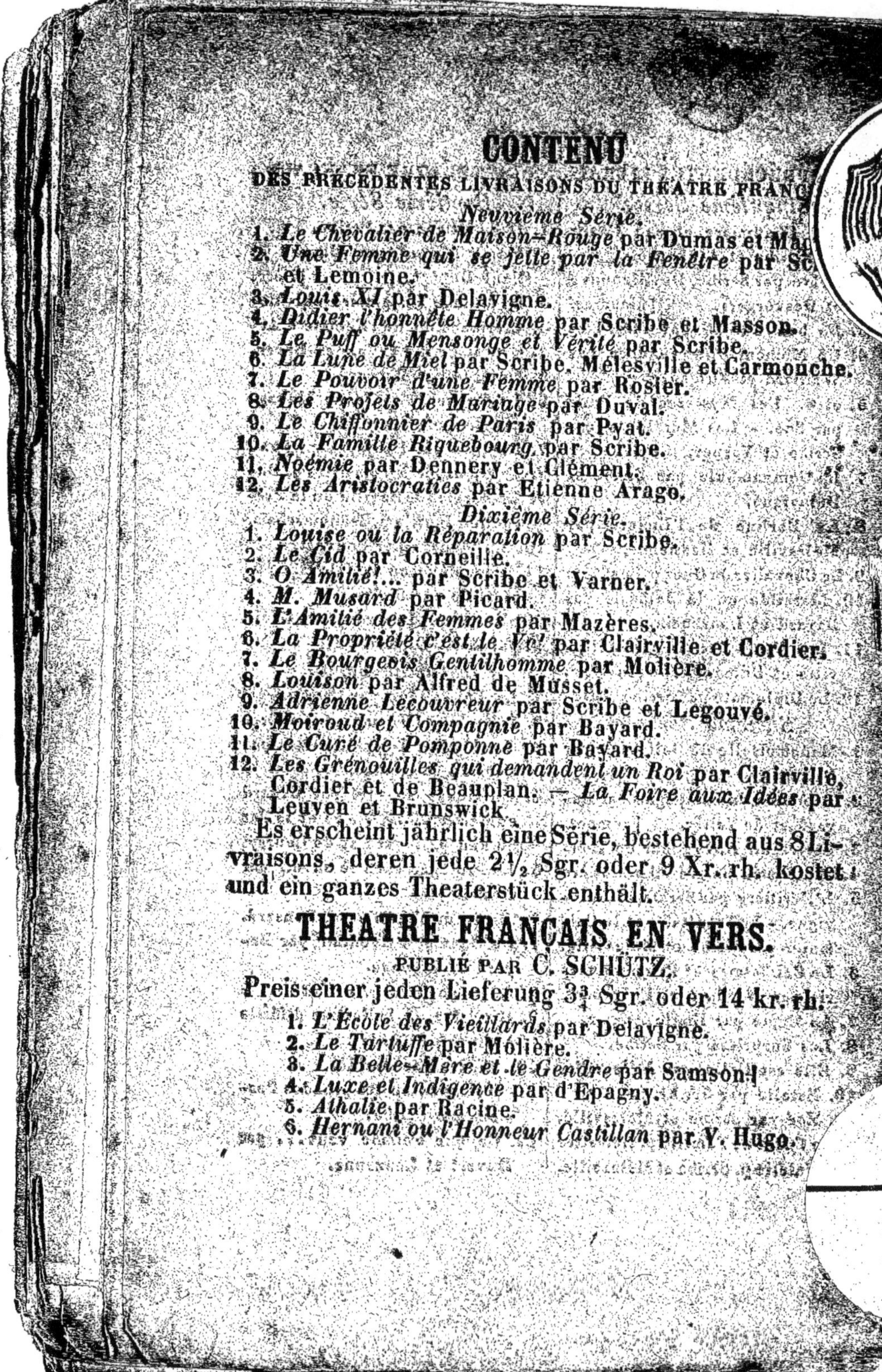

CONTENU

DES PRÉCÉDENTES LIVRAISONS DU THEATRE FRANÇAIS

Neuvième Série.

1. *Le Chevalier de Maison-Rouge* par Dumas et Maquet.
2. *Une Femme qui se jette par la Fenêtre* par Scribe et Lemoine.
3. *Louis XI* par Delavigne.
4. *Didier l'honnête Homme* par Scribe et Masson.
5. *Le Puff ou Mensonge et Vérité* par Scribe.
6. *La Lune de Miel* par Scribe, Mélesville et Carmouche.
7. *Le Pouvoir d'une Femme* par Rosier.
8. *Les Projets de Mariage* par Duval.
9. *Le Chiffonnier de Paris* par Pyat.
10. *La Famille Riquebourg* par Scribe.
11. *Noémie* par Dennery et Clément.
12. *Les Aristocraties* par Etienne Arago.

Dixième Série.

1. *Louise ou la Réparation* par Scribe.
2. *Le Cid* par Corneille.
3. *O Amitié!...* par Scribe et Varner.
4. *M. Musard* par Picard.
5. *L'Amitié des Femmes* par Mazères.
6. *La Propriété c'est le Vol* par Clairville et Cordier.
7. *Le Bourgeois Gentilhomme* par Molière.
8. *Louison* par Alfred de Musset.
9. *Adrienne Lecouvreur* par Scribe et Legouvé.
10. *Moiroud et Compagnie* par Bayard.
11. *Le Curé de Pomponne* par Bayard.
12. *Les Grenouilles qui demandent un Roi* par Clairville, Cordier et de Beauplan. — *La Foire aux Idées* par Leuven et Brunswick.

Es erscheint jährlich eine Serie, bestehend aus 8 Livraisons, deren jede 2½ Sgr. oder 9 Xr. rh. kostet und ein ganzes Theaterstück enthält.

THEATRE FRANÇAIS EN VERS.

PUBLIÉ PAR C. SCHÜTZ.

Preis einer jeden Lieferung 3¾ Sgr. oder 14 kr. rh.

1. *L'École des Vieillards* par Delavigne.
2. *Le Tartuffe* par Molière.
3. *La Belle-Mère et le Gendre* par Samson.
4. *Luxe et Indigence* par d'Epagny.
5. *Athalie* par Racine.
6. *Hernani ou l'Honneur Castillan* par V. Hugo.

www.ingramcontent.com/pod-product-compliance
Ingram Content Group UK Ltd.
Pitfield, Milton Keynes, MK11 3LW, UK
UKHW020020100726
13658UKWH00002B/1000